CÓMO ENTENDER Y ALIVIAR LA DEPRESIÓN

CÓMO ENTENDER Y ALIVIAR LA DEPRESIÓN

Liz MacLaren

Grupo Editorial Tomo, S. A. de C. V.
Nicolás San Juan 1043
03100 México, D. F.

1a. edición, febrero 2004.
2a. edición, agosto 2007.

Nicolás San Juan 1043, Col. Del Valle
03100 México, D.F.
Tels. 5575-6615, 5575-8701 y 5575-0186
Fax. 5575-6695
http://www.grupotomo.com.mx
ISBN: 970-666-896-9
Miembro de la Cámara Nacional
de la Industria Editorial No 2961

Traducción: Roberto Mares
Diseño de Portada: Trilce Romero
Supervisor de producción: Leonardo Figueroa

Impreso en México - *Printed in Mexico*

PREFACIO

Este libro ha sido escrito por una persona común para el público en general. Su propósito es proporcionar a quien lo lea una información básica acerca de la depresión, con el fin de que pueda tener los elementos para identificar esta condición en los miembros de su familia o sus amigos y pueda crearse la disposición de solicitar lo más pronto posible la ayuda profesional que se requiere.

Ya que el fenómeno depresivo se ha convertido en una enfermedad recurrente y dado que cualquier persona es susceptible de padecerla, nuestro interés principal es proporcionar información con respecto a sus principales características y aprender a reconocer las primeras etapas del fenómeno, no sólo en los demás, sino en nosotros mismos, ya que un diagnóstico temprano y la intervención de un profesional en los primeros estadíos, pueden ayudar a reducir en gran medida el desgaste que trae consigo la depresión.

La gran preocupación de los profesionales dedicados a este campo es la enorme desinformación que existe entre el público en general respecto a las verdaderas condiciones de la depresión, razón por la que en muchos países se han implementado campañas oficiales para difundir y hacer conciencia del significado personal y social de esta enfermedad.

Este libro pone de relieve la gran importancia de contar con un diagnóstico temprano, además de la ayuda de un profesional, desde las primeras manifestaciones de la enfermedad. Por otro lado, se resalta el aspecto positivo de este mal, que es el hecho de que, en la gran mayoría de los casos, es curable. También tratamos aquí los problemas asociados a la depresión, como es la dificultad de llegar a un diagnóstico, así como la sintomatología y los tratamientos utilizados para curarla.

Básicamente, este libro se concibe como un intento por reducir el nivel de ignorancia que existe sobre la depresión, ya que es precisamente la desinformación imperante al respecto la mejor aliada de la enfermedad.

Capítulo 1

¿QUÉ ES LA DEPRESIÓN?

La depresión es un fenómeno creciente en todo el mundo; en Inglaterra, cerca de tres millones de personas actualmente sufren depresión, y por su causa, se suicidan cada año, aproximadamente, cuatrocientas personas en ese país. Las estadísticas son alarmantes, pero lo que es aún peor es que un tercio de las personas que padecen este mal no cuentan con un diagnóstico preciso, y por lo tanto, no reciben tratamiento, a pesar de que la depresión es perfectamente curable.

Esto ocurre por la poca o nula información que se tiene acerca de la depresión. En 1992, el *Royal College of Psychiatrists*, en asociación con el *Royal College of General Practitioners*, lanzaron una campaña de cinco años, llamada "Contra la Depresión", con el objeto de crear conciencia respecto a las condiciones de este mal e informar a la población sobre los síntomas, las causas y los tratamientos para la depresión.

Las campañas educativas acerca de asuntos de salud frecuentemente obtienen una buena respuesta del público, y esto ya es alentador. Ahora bien, dado el hecho de que la depresión es difícil de diagnosticar, y de que puede llevar al suicidio si no es detectada a tiempo, todos tenemos la obligación, como seres humanos, de investigar más acerca de este doloroso y devastador padecimiento.

La depresión conlleva una carga de problemas e incertidumbre relacionados con todos sus aspectos, desde sus síntomas hasta su diagnóstico, e inclusive, durante su tratamiento y sus efectos secundarios.

El principal problema con la palabra "depresión", es que coloquialmente se utiliza de maneras inadecuadas, aplicándose a una serie de actitudes o situaciones que tergiversan el verdadero significado, sugiriendo la presencia de una enfermedad mental, y que en algunos casos, puede parecer muy severa. Comúnmente se utiliza para expresar un estado anímico decaído o una forma de tristeza que puede ser muy ligera y temporal. Frecuentemente, se usa el término como una metáfora para describir un día lluvioso y monótono de noviembre, cuando poca gente pasea por las calles; entonces se dice: "que día tan depresivo", lo cual simplemente significa que no es un hermoso día de verano, cuando la gente se siente radiante, llena de entusiasmo y alegría. Estamos muy acostumbrados a utilizar la palabra sin darle la seriedad que merece, por eso decimos que "los niños están un poco deprimidos porque la fiesta se canceló", o que "estamos deprimidos porque no encontramos lo que queríamos el día que fuimos de compras".

El hecho de que muy a menudo digamos que nos encontramos deprimidos, por ejemplo, cada vez que estamos más desanimados o menos felices que de costumbre, dificulta la posibilidad de entender con claridad si la persona que dice encontrarse en ese estado, realmente sufre una enfermedad. Si tenemos un resfriado, sabemos diferenciar la gravedad del mismo por la sintomatología que presentamos, ya que conocemos o estamos informados sobre este fenómeno y lo podemos diferenciar de una tuberculosis o una neumonía, y estas tres diferentes sensaciones nos dan la pauta del tipo de tratamiento que se requiere en cada caso. Tratándose de la depresión, se aplica el mismo nombre para identificar un estadío pasajero de baja de ánimo, lo mismo que una enfermedad mental que puede agravarse y cuya duración puede ser considerablemente larga.

Para las personas que han pasado recientemente por una depresión, desde el punto de vista médico, esta connotación trivial de la palabra no tiene ninguna similitud con lo que ellos acaban de vivir. De hecho, no es extraño que estas personas, que ya están en una etapa de recuperación, prometan no volver a utilizar la palabra "deprimido" tan a la ligera, puesto que se han dado cuenta de los horrores que conlleva el estar realmente implicados en un estado de depresión. Aunque es inevitable que una vez recuperados del todo, la memoria les falle y se encuentren muy pronto reutilizando la palabra del mismo modo en que se usa socialmente. Los viejos hábitos tardan mucho en desaparecer, pero es muy importante que su propia percepción sobre la depresión no domine sus vidas.

El problema con la depresión, vista como un padecimiento médico, es que implica mucho más que una simple baja de energía o de ánimo, como lo sugiere el uso generalizado de la palabra. Algunas personas que han sufrido esta enfermedad la viven como desesperación, "una miserable desesperanza", con lo cual expresan de una manera más adecuada la realidad de este padecimiento, que simplemente refiriéndose a la "depresión"; aunque con ello, dicen, no logran explicar la falta de toda confianza en el futuro y la sensación de vacío que la depresión les provoca.

Los profesionales médicos, obviamente, no ignoran los problemas de interpretación relacionados con la variedad de significados que se le da a la palabra depresión, por esta razón, han tratado de establecer límites que pudieran reducir la confusión, designando la enfermedad con el término: "depresión clínica"; aunque para la mayoría de las personas esto no constituye una gran diferencia, y siguen sin comprender el verdadero significado.

Depresión es todo lo concerniente a cómo es que los sentimientos íntimos de las personas son alterados y cómo sucede que esta alteración tiene una repercusión no sólo en su "humor", sino también en sus capacidades mentales, sus actitudes y su forma de apreciar a las demás personas y a todas las cosas que los rodean, pero especialmente, cómo es que ellos mismos se conciben.

Personalmente, pienso que sólo las personas que han experimentado este padecimiento en algún momento de sus vidas, son las indicadas para describir lo que significa la depresión, lo que no sucede en otro tipo de enfermedades.

Las imágenes de la depresión

La depresión ha sido descrita de diferentes maneras por personas que la han padecido: "Los días en los que mi vida parecía transcurrir en el vacío...", así me expresó su sentimiento una amiga, antes de que su mal fuera diagnosticado y la enviaran al hospital para tratamiento. Ella recordaba con bastante claridad el haber salido rumbo al trabajo y haberse quedado prácticamente imposibilitada para hacer algo más que no fuera mirar un punto fijo en la pared, sintiendo el vacío total. Pasaba los días en completa pasividad, y parecía que nada la podía sacar de este ensimismamiento e inconsciencia.

Este relato es ciertamente adecuado para evocar los sentimientos de estar en una especie de limbo, y la inconsciencia que puede acompañar a la depresión. El sentimiento de vacío es un tema recurrente en muchas personas que sufren de este mal.

Spike Milligan, uno de los genios cómicos más famoso del siglo XX, es citado en el libro *Depression and How to Survive it*

(Depresión y cómo sobrevivir a ella), escrito por él mismo con Anthony Clare; en este libro se hace una referencia explícita a este tipo de sensación.

Durante una conversación en la que Anthony Clare, médico psiquiatra, le preguntó a Milligan qué sentía en el estado depresivo, él respondió: "Ahí todo es un terrible vacío, yo quería simplemente salirme de ahí, desaparecer, cubrirme mientras todo aquello pasara".

Estas imágenes de vacío, como hemos dicho, son características de la enfermedad; sin embargo, no detallan los sentimientos de una falta total de confianza en el futuro y desesperación, lo que también se asocia con la depresión, especialmente en los largos periodos que se vive con ella y no se proporciona ningún tipo de tratamiento.

El perro negro

Se dice que Winston Churchill (1874-1965), Primer Ministro británico, describió la depresión como un "perro negro" que lo perseguía, y otras personas también han utilizado esta manera de referirse al desasosiego que causa la enfermedad. El escritor y lexicógrafo Samuel Johnson (1709-84), comentó en una carta, dirigida a su amigo Thrale, acerca de su particular "perro negro":

> "Vivo con la esperanza de poder resistir la presencia del perro negro, aunque estoy privado de casi todos aquellos que normalmente pueden ayudarme".

Y continúa diciendo que la presencia de ese simbólico animal es constante, hablando metafóricamente de la implacable y aparentemente omnipresente forma de la depresión: "Cuando me levanto, aunque estoy solo, el perro negro me está esperando para acompañarme, y desde el desayuno hasta la cena él no deja de ladrar".

Para todos aquellos que aman a los perros, y en particular, a los de color negro, ésta no sería la imagen adecuada para simbolizar algo tan terrible y amenazante como lo es la depresión. Una figura más opresiva es necesaria para describir tal condición con mayor viveza.

La depresión también se ha ligado con la figura de un ave negra, como un cuervo, sugiriendo que una de estas "siniestras" aves se ha colocado sobre el hombro de la persona, lista para atacar en cualquier momento, provocando la desesperación.

Tanto Winston Churchill como Samuel Johnson sufrieron regularmente este tipo de ataques de depresión; de hecho, sólo las personas que los sufren constantemente son quienes se refieren tanto a la imagen del perro negro como a la del cuervo, puesto que no se tiene registrado que lo reporten de esta manera personas que simplemente han experimentado el ataque alguna vez, o aquellas que lo presentan ocasionalmente.

El túnel negro

Un "túnel negro sin ninguna luz al final" es una descripción común en la gente que sufre episodios de severa depresión. Esta descripción expresa de manera sucinta y vivencial el sentimiento de desesperación, haciendo énfasis en la ausencia total de luz y esperanza.

La recuperación de esta enfermedad no suele ocurrir de la noche a la mañana, aunque cabe decir que en muchos casos así ha ocurrido; pero normalmente se trata de un proceso gradual, especialmente si la depresión se ha desarrollado sin algún tipo de ayuda y ya tiene tiempo de haberse declarado.

Las personas que se han recuperado hablan del inmenso placer y alivio que han experimentado al sentir que se vislumbra una pequeña luz al final de su muy particular túnel; sobre todo cuando empiezan a creer que probablemente ellos pueden ser curados, pues esa pequeña esperanza contrasta claramente con la espesa oscuridad en donde ellos habían estado viviendo.

El calabozo

Oscuridad y tinieblas están asociadas forzosamente con la depresión. Para algunos, la imagen relevante con la cual asocian la depresión no es un túnel sino un calabozo, del cual no existe posibilidad de escapatoria, y donde el carcelero ha perdido la llave, teniendo presa a la persona que sufre depresión.

Nuevamente, así como la pequeña luz que comienza a manifestarse por sí misma al fondo del túnel, las personas que están en los inicios de su etapa de recuperación, han comentado el júbilo de vislumbrar la esperanza dentro de su calabozo; como si alguien hubiera levantado la tapa en el techo o la puerta de acceso.

Spike Milligan hizo énfasis en la sensación de pérdida de luz, así como de total vacío durante sus conversaciones con Anthony Clare, a quien nos hemos referido en un párrafo anterior. Él describió de una manera conmovedora la depresión como "...un hueco oscuro; es una terrible sensación de vacío y dolor dentro de ese hueco donde no existe luz".

Una densa niebla

También he escuchado que algunas personas que se han recuperado de la depresión, o que han tenido un ataque depresivo, suelen compararlo con un estado en el que todo a su alrededor es una densa niebla en la que ellos se encuentran irremediablemente perdidos, cuya implacable densidad los rodea, impidiendo que la luz pueda pasar a través de ella. Alguien que había pasado por un periodo de depresión y que vivía al Este de la costa británica, me comentó que era como estar entre la bruma del mar, a la cual llamó "neblina oscura", y que se arremolinaba tierra adentro, cubriendo absolutamente todo con su fría espesura, como si pudiera llegar hasta el interior de los mismos huesos.

Se ha descubierto que a lo largo de la historia muchas personas de características creativas han sufrido un estado de salud depresivo. En realidad, ha habido muchos de ellos que han intentado demostrar una relación causal entre la depresión y el espíritu creativo. Este aspecto de la depresión será tratado en el capítulo 4.

Algunos escritores han expresado cómo se les presentaba este particular estado de ánimo. El escritor americano Mark Twain (1835-1910) apuntó que el ser absorbido por la depresión conlleva una sensación profunda de desesperanza:

> "Es cuando nuestro espíritu se encuentra sojuzgado y triste, y uno no sabe el porqué. Cuando el pasado aparece como una violenta sacudida llena de desolación, la vida se percibe como algo banal y el futuro sólo ofrece la muerte".

Melancolía

La depresión era antiguamente conocida como melancolía, y ya desde los griegos era reconocida como un desorden del estado de ánimo; considerada por ellos como un exceso de *melancolía* o "bilis negra" en el cuerpo de quien la padecía. La palabra melancolía se deriva del griego *melas*, que significa "negro" y *cholé*, que significa "bilis". Los griegos creían que esta enfermedad, ya fuera física o mental, era originada por la falta de equilibrio en el cuerpo entre lo que ellos conocían como los cuatro humores o fluidos del cuerpo: sangre, bilis (amarilla), melancolía (bilis negra) y flema.

Se cree que los griegos sabían bastante sobre los síntomas de la depresión, puesto que la asociaban con el adormecimiento, la irritabilidad y la aversión hacia la comida. Si éste fuera el caso, entonces se ha desperdiciado mucho tiempo para llegar a saber más de ella.

Freud

No fue sino hasta que apareció el científico austríaco Sigmund Freud (1856-1939) que se logró un mejor conocimiento, tanto de la naturaleza de la melancolía y la depresión, como de otros aspectos de los desórdenes mentales. En un ensayo intitulado *Duelo y melancolía* (1917), Freud puso énfasis en las características más comunes de la pena y la depresión, así como del sentimiento de desesperanza por una pérdida y la falta de interés en el mundo externo.

Descubrimiento de los antidepresivos

Probablemente el suceso más importante en la historia de la depresión fue el desarrollo de la primera droga con propiedades antidepresivas. A mitad de los años cincuenta, y durante una investigación dedicada a buscar una droga que aliviara los síntomas de la psicosis, el Dr. Ronald Kuhn y sus colegas en Suiza, descubrieron una droga llamada *imipramine*. Ellos encontraron que el imipramine era ineficaz para calmar los efectos psicóticos, sin embargo, se descubrió que las personas depresivas que fueron tratadas con este fármaco experimentaron una mejoría en su estado de ánimo y el alivio de sus síntomas.

Esta droga pertenece a una clase de compuesto conocida como "tricíclicos antidepresivos" (TCAs), los cuales son utilizados comúnmente en los tratamientos farmacológicos para combatir la depresión. De hecho, éstos son empleados para comenzar el tratamiento, y hasta la fecha, el imipramine sigue prescribiéndose.

Mientras el Dr. Kuhn y su equipo conducían las investigaciones que llevarían al desarrollo del imipramine, su mismo trabajo les llevó a descubrir otra clase de fármacos, conocidos como "inhibidores de la monoamina oxidasa" (MOAIs), que también resultaron útiles en el tratamiento farmacológico contra la depresión. El Dr. Nathan Kline y su equipo descubrieron que una droga llamada *iproniazid*, miembro de las MOAIs, la cual estaba siendo utilizada en el tratamiento de la tuberculosis, también mejoraba el estado de ánimo de los pacientes, haciéndolos menos depresivos.

Una información más detallada al respecto se podrá encontrar en el capítulo 5. Por el momento, los antidepresivos tricíclicos y los inhibidores de la monoamina oxidasa se mencionan como un hito en la historia de la depresión.

Lo natural será que lleguemos a conocer más acerca de la depresión para lograr su cura, o por lo menos, que tengamos los elementos necesarios para aliviar sus síntomas.

Las personas que se han recuperado de este padecimiento son capaces de darnos información acerca del sufrimiento que causa estar inmersos en este proceso, e incluso especulan sobre qué fue lo que los llevó a padecerla. De esta manera, los médicos tienen posibilidades de recabar información de primera mano sobre la enfermedad, mientras que simultáneamente las investigaciones científicas habrán de revelarnos más datos acerca de su naturaleza y sus causas.

Aunque hemos visto que a lo largo de la historia la depresión o melancolía han sido identificadas, existe aún mucho por descubrir. Desgraciadamente, la mayoría de la gente tiene un desconocimiento total acerca de la depresión, y aún los médicos especialistas en este campo admiten que sus conocimientos son muy limitados, principalmente sobre las causas que producen esta enfermedad.

Los diferentes tipos de depresión

Existen distintos tipos de depresión, así como también diferentes grados. Es un desorden del estado de ánimo que puede intensificarse, llegando a la desesperación sombría del suicida, o convirtiéndose en una aguda manía.

En relación a la naturaleza de la depresión, se han identificado diferentes clases. La principal línea divisoria que se ha podido establecer entre las clases de depresión o desórdenes del estado de ánimo se coloca entre lo que se conoce técnicamente como "depresión unipolar" y la "depresión bipolar" o desorden afectivo bipolar. Las personas comunes conocen la depresión unipolar simplemente como "depresión", y al desorden afectivo bipolar se le conoce como "manía depresiva".

Desorden maníaco depresivo

Como ya se dijo, así se le llama al desorden afectivo bipolar, el cual incluye dos diferentes fases de desorden del estado de ánimo. Estas fases ocurren algunas veces sucediéndose una a la otra, pero en otras ocasiones existe un periodo de estabilidad entre ambos extremos.

En la fase depresiva del padecimiento, la persona experimenta los síntomas de la depresión descritos en el capítulo 2, y sus características extremas se explicaron al comenzar este mismo capítulo.

En su otra fase, la maníaca, la persona experimenta un exceso de felicidad y alegría, al grado de estar eufórica, hiperactiva e inquieta; se trata de personas que muestran poca necesidad de dormir, no paran de hablar, tienen problemas para concentrarse y pasan de una cosa a la otra sin lograr enfocar su pensamiento, son muy agudos y ocurrentes, derrochan imprudentemente su dinero y tienen diversos comportamientos de escasa responsabilidad.

En otras palabras, en la fase depresiva del padecimiento, el paciente tiene un decaimiento anormal, y en ocasiones, extremadamente alarmante, mientras que en la fase maníaca, el paciente se llena de energía de una manera también anormal, lo que llega a un extremo igualmente peligroso. La primera fase se puede comparar a un automóvil que se ha quedado sin batería y se rehusa a arrancar, o que tal vez lo hace sólo después de muchos esfuerzos o cuando un buen empujón lo echa a andar. La otra fase se puede comparar a un auto que se ha salido de control porque los frenos se han descompuesto, o porque es manejado por un conductor inexperto que está obsesionado con la velocidad, pero que no ha aprendido a controlar todavía el auto.

Existen, como ya se ha mencionado, varios grados de depresión, que incluyen la clínica o severa y un conjunto de grado medio; aunque también tenemos la definición de la depresión crónica, también conocida como "distemia", que literalmente significa desorden del estado de ánimo.

Depresión reactiva

En el caso de la depresión unipolar, la llamada "depresión" a secas, se ha hecho un intento de categorizar los diferentes tipos. Esta clase de fenómeno aparece por una causa que la desencadena, como puede ser un evento traumático en la vida, y es conocida como "depresión reactiva", la cual también es llamada "depresión exógena".

La depresión reactiva puede ser detonada por varios eventos que causan dolor o angustia, o por una situación traumática. Éstos incluyen la pérdida de un ser querido a causa de la muerte, divorcios, accidentes automovilísticos o pérdida de trabajo repentina; también puede aparecer como respuesta ante una enfermedad seria, como problemas cardíacos o alguna forma de cáncer, incluso puede deberse a una enfermedad viral.

La depresión reactiva puede aparecer como resultado de eventos que en sí mismos no parecen constituir un factor esencialmente estresante, pero que afectan seriamente, debido a la cantidad de cambios por los que habrá de pasar el sujeto, tales como el mudarse de casa, aun cuando la misma persona sea quien lo ha promovido. También ocurre cuando se da a luz un hijo, lo cual normalmente se considera una ocasión feliz. Esta última forma de depresión reactiva es conocida como depresión "postparto" y de ella se hablará más tarde.

Depresión endógena

Esta variedad de depresión parece ocurrir sin ninguna razón identificable, y por lo tanto, no se encuentra el factor detonante; es conocida como "depresión endógena".

Debido a su propia naturaleza, la depresión endógena parece ser más recurrente que la depresión reactiva, aunque se sabe que ésta última también vuelve a aparecer, a pesar de que se haya tratado desde su episodio inicial exitosamente.

Depresión postnatal

El nacimiento de un bebé, que como se dijo antes, es visto como un suceso que provoca gran felicidad, puede tener consecuencias desagradables a causa de la salud mental de la madre.

Es común que exista una baja de estado de ánimo en la madre durante los primeros días del nacimiento del bebé. Entre dos tercios y tres cuartos de las mujeres que acaban de dar a luz, sufren de este decaimiento. Durante estos días el estado de ánimo de las madres es oscilatorio, pues bien pueden estar alegres en un momento y al siguiente llorar. Se piensa que se debe a los cambios hormonales que están experimentando, y normalmente tiene una duración aproximada de cuarenta y ocho horas.

La depresión postnatal es un padecimiento mucho más severo de lo que parece, si persiste seis semanas o más después del nacimiento del bebé. Se cree que esta enfermedad afecta entre el diez y treinta por ciento de las madres y se reconoce por varios de los síntomas que caracterizan la depresión unipolar o la depresión reactiva. Por ejemplo, la paciente normalmente experimenta desórdenes de sueño y alimentación; se siente exhausta e incapaz de hacer cualquier cosa; su autoestima se presenta como muy baja, y por lo tanto, también su confianza en sí misma. Todo esto, además de las responsabilidades que implica el cuidado del bebé, son elementos estresantes con los que se debe lidiar.

Otro desorden del estado de ánimo, asociado con el nacimiento, es la llamada "psicosis puerperal". Esta enfermedad es normalmente maníaco depresiva, y es menos común que la depresión postnatal. El padecimiento es muy severo y la madre llega a tener delirios en los que puede intentar matar a su bebé, suicidarse, o ambas cosas.

Desorden afectivo de estación

Este es un tipo de depresión que ha sido recientemente identificado y que aparece como consecuencia del invierno. A esta clasificación se le ha llamado "desorden afectivo de estación" y las personas que la sufren, a diferencia del común denominador de las otras tipificaciones, tienden a dormir más en vez de sufrir de un estado de privación de sueño; e incluso tienden a ingerir una mayor cantidad de alimentos, en vez de volverse inapetentes.

Además de estas características, el paciente también experimenta algunos de los síntomas comunes de la depresión, como sentirse devaluados, agotados, con menor poder de concentración, etcétera. Este desorden tiene diferentes grados, según su intensidad. Mucha gente que no está padeciendo depresión tiene algunos de estos síntomas en invierno. Por ejemplo, prefieren dormir y comer más, sobre todo carbohidratos, y manifiestan tener menos energía. Algo que ocurre ciertamente en muchos de nosotros.

Se han mencionado anteriormente las descripciones que los mismos pacientes hacen sobre lo que significa la depresión para ellos y hemos visto que la depresión, en algunos casos, puede ser dividida en categorías. En los capítulos subsecuentes ahondaremos acerca de la naturaleza de la depresión, sus síntomas, causas y tratamientos.

Capítulo 2

LA DEPRESIÓN Y SU SINTOMATOLOGÍA

Uno de los problemas relacionados con la depresión es la dificultad del diagnóstico. No es como la neumonía, la varicela, o una pierna fracturada, cuyas señas físicas no dejan lugar a dudas sobre el padecimiento. En el caso de la depresión, aunque existen algunos signos físicos, éstos no siempre están presentes y no son tan obvios como para detectarlos en la consulta.

Dado el hecho de que la depresión es muy común en la actualidad, y que frecuentemente va desarrollándose sin que sea diagnosticada, es importante que todos sepamos más acerca de este desorden para identificar sus rasgos característicos, ya sea en nosotros o nuestros amigos, puesto que así podríamos evitar una gran cantidad de sufrimiento.

Signos externos

La depresión es un desorden del estado de ánimo, en cuya forma extrema llega a perjudicar las funciones físicas y mentales de quien la padece. Todos hemos tenido, en ciertas etapas de nuestra vida, momentos en los que sentimos algún tipo de lo que llamamos depresión, por pequeña que ésta sea, por lo tanto, contamos con que cualquier persona que la esté sufriendo tendrá que parecernos muy triste y abatido; pero no siempre es así, pues se ha sabido de personas que han cometido suicidio inmersos en una severa depresión, aún cuando más tarde sus amigos comenten que la persona en cuestión no parecía en lo más mínimo abatida. Esta reacción puede deberse, en parte, al hecho de que no hayan estado atentos para notar el cambio de actitudes de su amigo, aunque esto hubiera estado sucediendo justo frente a sus ojos.

Sin embargo, también es cierto que las personas que sufren depresión pueden parecer perfectamente normales, al menos en periodos relativamente cortos, tal vez porque sus problemas los están manejando a un nivel intelectual, o bien porque han estado haciendo un gran esfuerzo por esconder su padecimiento.

Yo hablé con una persona que había tenido una severa depresión seguida del súbito rompimiento de su matrimonio. Ella tenía muchos amigos, quienes trataron de distraerla de sus problemas invitándola a reuniones y cosas por el estilo, ya que sabían que tenía muchas razones para sentirse desconsolada. Cuando ella se enfermó, muchos de sus amigos declararon que aunque no había logrado ser como era antes, no parecía estar tan deprimida como para diagnosticarle una enfermedad depresiva.

Esta misma persona comentó más adelante, cuando logró recuperarse, que sabiendo que sus amigos estaban haciendo grandes esfuerzos por animarla, ella intentó con todas sus fuerzas volver a ser la misma de antes, pensando que de esa manera lograría salir adelante.

Ella, sin embargo, pagó un precio muy alto. Cuando llegaba a casa, se iba directamente a la cama en un estado de fatiga total, extinguiéndose así la poca energía que tuvo en un principio.

Si la depresión continúa sin diagnosticarse y se convierte en algo más severo, resulta mucho más difícil manejarla, incluso al punto de no poder funcionar normalmente. Las personas que sufren de una severa depresión simplemente se sienten incapaces de hacer cualquier esfuerzo por socializar, y tampoco tienen la energía para atender a un compromiso social. Por esta razón, muchos afectados suelen tener actitudes antisociales, como no contestar el teléfono, o dejarlo descolgado permanentemente. De esta manera, sus amigos pueden deducir que, o están fuera de casa o están hablando con alguien. Es frecuente que no abran la puerta a las visitas, o que en un estado ya avanzado de depresión prefieran ni siquiera abrir las cortinas, pues la habitación a media luz les resulta una extensión de la oscuridad en la que su mente está inmersa.

Como hemos visto, la imagen estereotipada de la persona deprimida, como alguien triste y melancólico, o incluso, que rompe en llanto, no siempre es la que se presenta en la realidad, así que no es raro que un observador pueda ser engañado.

El llanto

El llanto es con frecuencia uno de los primeros síntomas de la depresión, e incluso es el que puede ayudar a formalizar un diagnóstico. Algunas personas que han sufrido depresión dicen haber experimentado frecuentemente ataques de llanto completamente inesperados. Estos ocurrían cuando estaban solos o en presencia de su familia; tal vez porque estamos condicionados a no mostrar nuestras emociones en público.

En ocasiones, lo que lleva a hacer un diagnóstico es el saber si el llanto se ha presentado en medio de situaciones que impliquen un foro más allá de la familia. Si un paciente, repentinamente, sufre un ataque espontáneo e incontrolable de llanto en una cirugía convencional, el médico practicante tendría que tomar este asunto seriamente y darse cuenta de que está frente a una persona depresiva, en vez de pensar que su paciente simplemente está tratando de expresar dolor físico de una manera poco convencional.

En grados más avanzado de depresión, el cuadro puede cambiar, y esto se dice porque las personas que la han sufrido comentan que se sentían imposibilitados para llorar, a pesar de sentir la necesidad de hacerlo.

Aunque, en general, no es posible notar que una persona sufre depresión con tan solo mirarla, algunas manifestaciones físicas pueden estar presentes y darnos la clave del padecimiento. Para esto, uno debe conocer bien a la persona, de otra manera no podrán ser percibidos, y, por otro lado, debe uno de informarse acerca de la naturaleza de esta enfermedad para poder atribuirle dichos signos.

Apariencia personal

Este es un buen indicador. Las personas que están bajo una depresión severa se niegan a cuidar su arreglo personal; ellos prefieren utilizar ropa que no es apropiada para la ocasión, o simplemente usan ropa que no está del todo limpia; dejan de peinarse y rehusan seguir con su rutina de higiene personal, al extremo de que su falta de baño se hace obvia para los demás.

Obviamente, notar este lapso de falta de acicalamiento en la persona, no sólo depende de qué tan bien se le conozca, sino saber cuáles han sido sus hábitos regulares para poder comenzar desde ahí. Si la persona es descuidada acerca de su apariencia en un estado normal, habrá un cambio muy sutil como para notar si entra en un estado depresivo, aunque sí se podrá observar, por lo menos, una diferencia gradual. En cambio, si la persona siempre ha lucido inmaculada en un estado normal de salud, el hecho de verla desaliñada será un indicio que saltará a la vista y, sin duda, revelará un estado depresivo.

Una conocida mía, que siempre fue muy ordenada y elegante, me comentó la sorpresa que experimentó al echar un vistazo a su guardarropa después de haberse recuperado de una severa depresión. Se encontró con que había estado guardando varias prendas muy sucias, o incluso manchadas, cuando normalmente ella nunca se hubiera permitido utilizarlas en un estado tan deplorable, además de que nunca las hubiera mantenido sucias dentro del clóset, pues acostumbraba mandarlas lavar inmediatamente después de haberlas usado.

En la depresión hay una gran cantidad de síntomas que pueden llegar a manifestarse, pero no en todos los casos. Uno de ellos, como hemos mencionado, es la falta de arreglo personal, pero esto se puede o no presentar, o sólo ocurrir cuando el estado depresivo ha alcanzado etapas más avanzadas, por lo que, dependiendo de la personalidad del afectado, éste puede ser el último síntoma en aparecer.

Desórdenes alimenticios

Los patrones alimenticios pueden ser afectados por la depresión. En algunos casos, las personas comen más de lo que normalmente acostumbran, pero, por regla general, las personas que la padecen sufren de una pérdida de interés por la comida.

Ya que es posible que la persona alcance un grado depresivo intenso antes de que el padecimiento sea diagnosticado, su falta de apetito se puede manifestar desde mucho tiempo antes, en su apariencia demacrada.

Este desinterés por la comida puede ser bastante obvio para los amigos del enfermo, en especial, cuando éste solía disfrutar normalmente de los placeres culinarios.

Aunque no siempre esta apatía frente a la comida es un factor decisivo para declarar que alguien está pasando por un periodo depresivo, puesto que existen otros tipos de desórdenes alimenticios, como la anorexia, enfermedad, por cierto, muy común en nuestros días, pero sí podemos determinar que, aunado a otro tipo de señales, la persona depresiva suele jugar con los alimentos, en vez de comerlos.

Sudoración

Algunas personas reportan que durante el proceso de depresión han padecido ataques de sudoración, obviamente detectables por sus amigos.

Esta sudoración repentina comúnmente se asocia con ataques de pánico, lo cual supone un síntoma de ansiedad, y son tratados con fármacos, llamados "ansiolíticos". Al respecto, Anthony Clare, en su libro *Depression and How to Survive it* (Depresión y cómo sobrevivir a ella), nos dice que actualmente las evidencias apuntan al hecho de que muchos ataques de pánico están relacionados con la depresión.

Otros síntomas que caracterizan los ataques de pánico, aunque no obvios para el observador, son: respiración rápida y poco profunda, palpitaciones y sentimientos intensos de miedo y ansiedad.

Desinterés y apatía

De la misma forma en la que se pierde el gusto por la comida, algunas personas en estados avanzados de depresión dejan de mostrar interés por muchas otras cosas. Por ejemplo, sus pasatiempos ante los cuales anteriormente se mostraban entusiastas, les llegarán a ser indiferentes; si se trata de cinéfilos, que antes no perdían un solo estreno, ahora no tendrán idea de qué hay en cartelera. En caso de que los amigos logren forzarlos para salir de su ensimismamiento, ellos mostrarán muy poco o nulo interés, porque simplemente no logran concentrarse.

Aquellas personas que siempre hemos considerado muy cuidadosas y detallistas en sus casas, que solían limpiar y ordenar todo, cuyos hogares siempre tenían el aroma de las ceras y los desinfectantes, y no sólo eso, sino el delicioso olor del pan hecho en casa, y a veces, el dulce perfume de las flores recién cortadas de un bien cuidado jardín, de pronto se vuelven totalmente descuidadas, desatendiendo sus casas, a ellas mismas y a los demás. Esta situación es mucho más preocupante en los casos de personas que viven solas, no por lo desaseada que pueda llegar a estar la casa, sino porque el desánimo puede llegar al nivel de la autonegación, afectando severamente la salud de la persona deprimida.

Las personas que acostumbran estar enteradas de lo que pasa en el mundo, ya ni siquiera le echan una mirada a los diarios, aunque hayan sido ávidos lectores. Ellos, por lo regular siguen yendo a comprar su periódico por las mañanas, pero lo dejan en un rincón con el propósito de leerlo más tarde, lo que finalmente no sucede. Este hecho bien puede estar relacionado con el marcado decremento en cuanto a concentración que muestran las personas afectadas por depresiones agudas.

Al encontrarse bajo la influencia de una depresión severa, las personas que acostumbraban disfrutar "el chisme" entre amigos, evitan encontrarse con ellos, y parecen poco interesados en intercambiar comentario alguno. En caso de que asistan a alguna reunión social, no demuestran el más mínimo deseo de participar en la conversación, o si acaso lo hacen, es de manera forzada.

Una persona que está padeciendo de una depresión severa ha perdido todo interés por las cosas, así como la capacidad para disfrutar de ellas, aunque hayan sido actividades que usualmente les proporcionaran un gran placer, como, por ejemplo, el sexo, la comida, los días soleados o cualquier otra cosa.

Yo tengo una amiga que adora el sol, y recuerdo que me contaba cómo se lamentaba por haber sufrido de una depresión terrible, pero no sólo eso, sino aquello le ocurrió justo durante un verano particularmente cálido y soleado, que por cierto, no pudo disfrutar porque, prácticamente, no era capaz de darse cuenta de las bondades del clima.

Pérdida del deseo sexual

Una clase específica de pérdida del interés por parte de la persona afectada, y que es muy notoria para la pareja, es la pérdida de la capacidad para disfrutar de las relaciones sexuales, ya que existe una patente disminución en su libido.

Por desgracia, ya que ninguno de los dos alcanza a imaginarse que es la depresión la causante del deterioro del deseo sexual, la situación puede generar grave deterioro de la relación. La pareja sana puede comenzar a sentirse rechazada, y por ende, buscar en otra parte la satisfacción de su deseo sexual. Mientras que aquel que ha perdido el interés puede pensar que sólo le ocurre frente a su pareja, sin entender que en realidad es una condición personal e interna. Dadas las circunstancias anteriores, se puede asumir que la depresión juega un papel determinante en la ruptura de las relaciones de pareja.

A esta desafortunada situación se agrega el que una persona que está pasando por un proceso depresivo mayor no tiene la misma capacidad de demostrarle su cariño a la pareja como lo hacía antes.

Cambios en la personalidad

Es común que la falta interés vaya acompañada de una baja en su estado de ánimo, y algunas veces la voz de las personas afectadas se vuelve más monótona de lo normal. Claro que esto se vuelve obvio en aquellos que se caracterizan por su vivacidad. Cuando la gente ha sido extrovertida, locuaz, animosa, que suele mostrarse interesada por todo lo que le rodea, y de pronto se vuelve marcadamente lejana, taciturna, inactiva, y ha perdido el interés por lo que le rodea, es momento para que sus amigos consideren seriamente la posibilidad de una depresión.

Además de que sus voces pueden haber perdido la animación que solía tener, volviéndose, como ya se dijo, monótonas; cuando se mantiene una conversación con ellas se les nota retraídas, y hacen menos uso de las manos, de los ojos, y en general, su lenguaje corporal no es el mismo que solían tener.

Estas personas parecen sufrir un cambio en su personalidad, indicio que para un médico puede ser de gran ayuda en el proceso del diagnóstico .

No todos los pacientes de los médicos generales son clientes regulares; este hecho hace que no puedan diagnosticar adecuadamente a la persona depresiva, puesto que la ven sólo en raras ocasiones y no conocen el contexto general en el que se desenvuelve. Por eso es importante que si se presenta ante el médico, el psiquiatra o el psicólogo una persona visiblemente retraída, se informe el facultativo, a través de un amigo del paciente o uno de sus familiares, si este síntoma implica un cambio radical en su manera de ser. En esta etapa, el paciente deprimido no logra darse cuenta de que su cambio es notorio, ya sea porque se sientan diferentes por dentro o porque no tengan la energía ni el ánimo de confiárselo al médico o al terapeuta.

Actitudes antisociales

Cuando las personas pasan por una depresión, es común que no logren reunir la fuerza necesaria para convivir con la gente; e incluso cuando ellos mismos han hecho arreglos para verse, suelen cancelar a última hora. Recordemos que no sólo se sienten exhaustos para emprender alguna actividad, sino que además han perdido el interés por todo lo que les rodea, aunado a que ya no tienen la capacidad de sentir placer, aun en actividades que usualmente se las proporcionaba, así que el simple hecho de encontrarse en una reunión con otras personas es algo que prácticamente no pueden manejar.

Si la depresión ha ido progresando sin ser diagnosticada, puede llegar el momento en el que ni siquiera recuerden que tienen que cancelar las citas que previamente arreglaron. Es típico el encontrarnos en un restaurante esperando a que llegue dicha persona, la cual nunca se aparece ni tampoco hizo el intento por cancelar. Actitudes que nunca podrían esperarse de ellos y que precisamente por eso llaman la atención. Podríamos decir que se trata simplemente de un comportamiento extraño, pero, en ese caso, esperaríamos que se pusieran en contacto con nosotros para darnos una explicación de lo sucedido, ya sea que estaba esperando en el restaurante equivocado, o que hubo una confusión. El hecho de no recibir este tipo de excusas, nos puede estar indicando que esa persona está pasando por una depresión.

Pérdida de la confianza en sí mismo

Este fenómeno se torna obvio en personas que por lo normal manifestaban ser extraordinariamente seguras de sí mismas. Es común que este cambio se considere como un síntoma de depresión. Las personas que con anterioridad afrontaban los desafíos, y que incluso los buscaban, se vuelven temerosos e inseguros respecto a su habilidad en el desempeño de sus tareas, mismas que están perfectamente a la altura de su capacidad.

Si la depresión continúa sin ser diagnosticada, la pérdida de confianza en sí mismo puede ser devastadora en la vida profesional de las personas, especialmente tratándose de posiciones ejecutivas, como gerencias de mercado o ventas, en donde la seguridad es parte esencial del trabajo. En estos tiempos de desempleo y recortes de personal, a los empleados que no se les ve desempeñarse tan bien como antes, o simplemente a la altura que demanda su puesto, se les liquida, con la excusa de un plan de recorte, y sin que nadie trate de indagar cuál es la verdadera razón de ese mal desempeño.

Si alguien parece estar perdiendo la confianza en sí mismo, al grado de ser notorio, especialmente cuando él o ella ya no son capaces de seguir haciendo su trabajo, sería un acto de gran amistad el buscarles ayuda; de otra manera, las consecuencias tanto en su salud como en su carrera serían desastrosas.

Falta del sentido del humor

Este cambio de personalidad, de ser una persona vivaz y alegre a convertirse en alguien retraído, va de la mano con un decremento en su sentido del humor. Un joven con el que platiqué, mencionó que cuando era adolescente, una de las razones por las que se había dado cuenta de que algo andaba mal con su madre, fue ser testigo de un cambio radical en su personalidad. Lo más importante para él en aquella época fue que ya no pudo compartir con ella su gran sentido del humor.

Las personas que conocen la depresión desde adentro saben la razón. Cuando sólo existe la insensibilidad, el vacío y la tristeza dentro de la mente es imposible poder encontrar que las cosas pueden ser divertidas o hacer comentarios de una forma alegre y entretenida, ya que el simple hecho de poder terminar el día representa un enorme esfuerzo.

Irritabilidad

Las personas que están sufriendo de depresión frecuentemente se manifiestan más irritables de lo que son en su estado normal. Suelen contestarle bruscamente a todo el mundo, incluyendo a sus hijos, y aquello que antes no les provocaba ninguna molestia, ahora es suficiente para sacarlos de sus casillas.

Claro que todos nos ponemos algo irritables de vez en cuando por una u otra razón, por ejemplo, si estamos extremadamente cansados, y eso no significa que estemos padeciendo una depresión; sin embargo, la irritabilidad puede ser un indicador de ésta si va acompañada de otros síntomas.

Inquietud y agitación

Las personas que sufren de depresión pueden parecer inquietas y agitadas. Aunque pueden pasar mucho tiempo con la mirada fija viendo al vacío, también tienen periodos en los que no dejan de moverse e ir de aquí para allá. Frecuentemente exhiben signos de inquietud maníacos, como darle vueltas a los mechones de su cabello o jalarlo, retorcerse los dedos o frotar sus brazos.

Nuevamente, como en el caso de la irritabilidad, sólo se puede hablar de que existe depresión cuando las manifestaciones de inquietud se presentan junto con otros síntomas propios de la enfermedad.

Pensamientos negativos y de incompetencia

Otra característica de la depresión, que puede alterar a las personas sobre su condición normal, es la de tener pensamientos que son totalmente negativos y pesimistas. Esto es particularmente evidente en personas que solían tener actitudes ingeniosas, positivas y optimistas.

Las personas que han padecido esta enfermedad han dicho que la depresión les priva de la energía y la esperanza. Como se dijo en el capítulo primero, ellos sienten como si estuvieran inmersos en un túnel negro, sin ninguna luz al final del mismo. Estas sensaciones se manifiestan por sí mismas en su discurso. Si están sufriendo de una depresión reactiva, por ejemplo, ésta parecerá originarse por algún evento particularmente traumático en su vida, como la muerte de un familiar cercano, o de un amigo, o por un divorcio. En estos casos, la persona tendrá mucha razón para decaer, pero es la manera de manejar su problema lo que puede parecer inusual y, a veces, fuera de lo normal.

Una actitud negativa poco común, o digamos, el dejarse ir hacia la desgracia, puede ser un foco de alarma para los amigos y familiares, indicándoles que puede tratarse de una depresión severa.

A la persona que está acostumbrada a aceptar su suerte de una manera filosófica razonable, y que acostumbra abrirse un camino positivo o de lucha para encararlo, bajo depresión aparecerá totalmente abatido por un evento de la vida, y por un lapso considerablemente largo, dando la impresión de que no puede recuperarse de éste con ningún tipo de acción positiva o de lucha; siendo así, los familiares y amigos deben saber que ha sonado la alarma.

Alguien que ha sufrido de una severa depresión podrá corroborar que la sensación de inercia y desesperación es la que origina todos los pensamientos negativos. Ellos mismos se dan cuenta de lo difícil que es para sus amigos y familiares el convivir con ellos porque no entienden las causas que originan su pesimismo.

Lo peor es que como los de fuera no comprenden lo que es la depresión y cuáles son sus síntomas, tienden a pensar que la persona afectada carece de un carácter firme, así que se encargan de reforzar a la persona, insistiendo en que debe ser más fuerte para luchar contra lo que el Hamlet de Shakespeare llamó "las hondas y las flechas de una suerte monstruosa".

Los amigos y familiares recurren a una serie de expresiones trilladas, como "¡Debes tranquilizarte!, o "Trata de animarte un poco" o "¡Retoma tu vida!"..., y toda clase de frases de ese estilo, que se dicen con la intención de que la persona deje atrás esa inercia y se ponga en acción.

El hecho de que las personas tiendan a hacer este tipo de comentarios cuando se enfrentan a quien parece incapaz de cualquier actividad, y desesperadas hasta el grado de sentirse incompetentes, es un obvio indicador de que se requiere mucho más que un simple esfuerzo para educar a la gente sobre lo que significa la depresión; es necesario crear conciencia de que la persona que sufre de una severa depresión siente una gran fatiga y desesperación que lo hace concebir cualquier tipo de acción como algo más allá de sus fuerzas.

Es importante no impacientarse con ellos, aun cuando se la pasan hablando constantemente sobre sus problemas o sus pensamientos negativos. Y todavía más importante es que los amigos sigan en contacto, para brindarles la oportunidad de compartir su sufrimiento con personas que los sepan escuchar, ya que es común que se aísle a la persona depresiva.

En el curso de la conversación que indica pensamientos negativos, las personas deprimidas no sólo revelan su inercia y su sentimiento de desesperanza y angustia, sino que también expresan impotencia; por ejemplo, los podemos oír hablar de su incapacidad para hacer su trabajo. Si éste fuera el caso, y la persona es de aquellas que se han dado a conocer por ser exitosas, considerando su trabajo como la actividad que llena sus ambiciones como seres humanos, entonces la alarma debe sonar fuertemente, ya que el sentimiento de incompetencia está claramente presente sin que exista una justificación clara y objetiva.

Pensamientos suicidas

Algunas conversaciones que indican pensamientos negativos llegan más allá, hasta la ideación suicida. Más adelante se ampliará la información sobre depresión y suicidio, pero en el contexto presente es importante remarcar que debemos olvidar lo que en realidad es un mito: "Aquel que menciona o amenaza con quitarse la vida nunca lo lleva a cabo".

De hecho, las cifras estadísticas que ligan al suicidio con la depresión son alarmantes. En el libro escrito por el Dr. Harold Bloomfield y por Peter McWilliams, *How to Heal Depression*, 1995 (Cómo curar la depresión), los autores hacen notar que un quince por ciento de todas las personas depresivas cometerán suicidio como resultado de su enfermedad, y dos tercios de los suicidas están directamente relacionados con la depresión.

En el libro *Depression and How to Survive It* (Depresión y cómo sobrevivir a ella), de Spike Milligan y Anthony Clare, los autores nos dicen que cuatro de cada cinco personas con depresión seria sufrirán de intensos pensamientos suicidas en algún momento durante el transcurso de su enfermedad, y alrededor del uno por ciento de las muertes en Inglaterra y Gales se deben al suicidio, mientras que otras estadísticas no son más alentadoras.

Muchas personas señalan que están teniendo ideas suicidas antes de tan siquiera intentar cometer el suicidio. Algunas veces se refieren a esto durante una conversación, aunque de una manera velada, pues no estamos hablando aquí de la melodramática declaración hecha por alguien en condiciones de tormenta emocional, lo que resulta otro fenómeno.

Es probable que ellos no puedan decir con palabras claras que en su mente se encuentra la idea de quitarse la vida, pero es común que describan un futuro en donde ellos no juegan ningún papel. De su conversación se puede deducir que se han omitido a sí mismos, dejándose fuera de la escena.

Algunas veces, las personas que sufren de ideaciones suicidas revelan sus intenciones con actitudes, en vez de palabras. Por ejemplo, compran algo significativo que puede quitarles la vida, como una soga, un cuchillo o una pistola. También pueden ir al médico para conseguir una receta de pastillas para dormir, con la idea de ingerirlas de una sola vez. Las personas que padecen una seria depresión pueden manifestar su sentimiento de inutilidad e impotencia y sus ideas suicidas, de manera que el suicidio les parezca sensato a los demás, si no se toma en consideración el estado mental.

Diez años después de que súbitamente su matrimonio se rompiera, una mujer que sufría de una depresión muy seria, que fue progresando sin ser diagnosticada por muchos meses, nos contó cómo fue que visitó a su abogado e hizo su testamento, dejándole todo a sus hijos; además de dar instrucciones precisas de transferir la tutoría de sus hijos a su hermano mayor, en el caso de que falleciera. Los muchachos estaban entonces en sus primeros años de adolescencia, mientras que la mujer en cuestión estaba al principio de sus cuarenta.

Dice que no admitía, ni siquiera a sí misma, el que iba a quitarse la vida, pero por esos días había estado sintiendo como si no fuera a durar mucho tiempo, así que quería asegurarse de que sus hijos estuvieran a salvo y seguros. Además de los arreglos con el abogado, había puesto en orden todos sus asuntos, a pesar de que siempre fue de esa clase de personas que cotidianamente vive en una especie de caos, y que jamás pagaba las cuentas hasta que llegaba la fecha límite para hacerlo.

Afortunadamente, esta mujer tenía un amigo que era médico y quien la encontró por casualidad después de no haberla visto por largo tiempo. Él sintió que su comportamiento era preocupante, y sintiéndose inquieto por su estado en general, la remitió a un psiquiatra para que le dieran el tratamiento adecuado. Cuando se hubo repuesto, le preguntó a su abogado si no le había parecido extraño su comportamiento cuando arregló lo de su testamento; él le contestó que muy al contrario, su actitud le había parecido muy razonable, pese al hecho de que su hermano era un poco mayor que ella y de que sus hijos estaban a unos pocos años de no necesitar un tutor.

La moraleja es evidente. Claro que no queremos ser alarmistas, pero vale la pena notar lo que parecen ser comportamientos inusuales en nuestros amigos o familiares, o al menos, comportamientos que se salgan de lo normal.

Con esto cerramos lo que serían los signos externos que se manifiestan en la depresión. Es importante que tengamos la iniciativa de dar el primer paso para buscarle tratamiento a alguien si sentimos que puede estar sufriendo de una depresión, sobretodo, si ésta no ha sido diagnosticada o tratada. Es común que no nos demos cuenta de que algo malo está sucediendo hasta que la persona ha sido hospitalizada.

Depresión endógena

Aquellos desafortunados que la han padecido más de una vez, presentan signos más fáciles de observar por sus allegados y por ellos mismos. Cuando aparece por primera vez, las personas, generalmente, no tienen idea de lo que les está sucediendo. El padecimiento llega frecuentemente de manera gradual, y aunque la persona que la está sufriendo esté consciente de que algo anda mal, él o ella no saben de qué se trata.

Después de que se recuperan, muchos de ellos comentan que han experimentado varios de los síntomas referidos anteriormente, como señales de depresión que los amigos y familiares pueden ir notando y actuar en consecuencia. Sin embargo, esto se plantea en retrospectiva, pero ellos mismos, en el momento de la depresión, no estaban conscientes de ninguno de sus síntomas; aunque claro, esto varía según la persona.

Problemas para dormir

Los médicos consideran ciertas irregularidades en el patrón de sueño que solía tenerse como el signo cardinal de la depresión. De todas las personas con las que he conversado, que han sufrido de depresión en algún momento de sus vidas y se han recuperado, he recibido el comentario de que han experimentado cambios en sus hábitos de sueño y vigilia durante su padecimiento. Pero casi todos han podido darse cuenta de ello sólo cuando han salido de la depresión, viéndolo en retrospectiva; en parte, esto de debe a que han recibido información de parte de sus médicos en el curso de su tratamiento.

Los pacientes no asocian necesariamente sus problemas para dormir con su depresión, así que la relacionan con lo primero que se les viene en mente. Por ejemplo, personas cuyos matrimonios acaban de romperse, piensan que su dificultad para conciliar el sueño es causada por la preocupación acerca de las implicaciones económicas que conlleva la ruptura.

La clase de irregularidad más común, considerada característica de la depresión, es la incapacidad de permanecer dormido durante periodos largos. Es común que las personas que padecen la depresión se sientan tan fatigadas que anhelan el momento de acostarse para descansar, pero no pueden permanecer dormidos por mucho tiempo.

Claro que no todos dormimos como "troncos" durante toda la noche, sin despertar hasta la mañana siguiente, pero el despertarse a mitad de la noche para una persona con depresión es algo totalmente diferente de lo que representa este mismo hecho para una persona sana.

Casi invariablemente, las personas que la padecen no logran volver a dormir cuando se han levantado de madrugada. A diferencia de las personas que están perfectamente bien, las personas depresivas no tienen la energía ni el ánimo de irse a preparar una bebida caliente, ni tampoco el interés o la concentración para leer un libro o escuchar la radio. Ellos, simplemente se quedan tendidos en la cama, llenos de ansiedad y preocupaciones acerca de sus problemas, sin poder desconectarse de sus pensamientos.

A medida que la depresión empeora y la privación del sueño aumenta, los pensamientos que ocasionan la ansiedad se incrementan. Pero no sólo se convierten en pensamientos pesimistas, como lo hemos dicho anteriormente, del tipo que se hace notar en su discurso cotidiano con otras personas, sino que se convierten en pensamientos cargados con sentimientos de sentencia y muerte. Las escenas más aterradoras posibles, con las peores repercusiones, llegan a sus mentes en las primeras horas de la mañana, mientras esperan anhelantes que el sueño las venza, pero no sucede así.

Otro desorden del sueño que puede ser un problema en la depresión, es el insomnio, que no los deja dormir en lo absoluto, sin importar qué tan cansados estén. En el extremo opuesto, encontramos que hay personas que padecen depresión y que duermen más de lo normal, sintiéndose incapaces de despegarse de la cama por la mañana.

Pesadillas

Las pesadillas no son características de la depresión, aunque éstas pueden ser consideradas como irregularidades del sueño. Sin embargo, muchas personas que han padecido la depresión y se han recuperado, mencionan las pesadillas como uno de los horrores que recuerdan más vívidamente durante el periodo de su enfermedad.

En ocasiones, estas pesadillas parecen repetir temas relativos a su misma oscuridad, como nubes negras que los envuelven, o el estar perdidos dentro de una neblina impenetrable; estar encerrados en cuartos oscuros, deambulando por las calles como indigentes durante una noche de nevada cegadora, y muchos otros, que de la misma manera proyectan sus sentimientos de falta de claridad y la desolación en que se perciben. Las pesadillas parecen ser el espejo del tipo de sentimientos que la persona experimenta al despertar.

Sentimientos de tristeza y desesperanza

Es natural que las personas que padecen depresión se sientan tristes e infelices, ya que la depresión es un desorden del estado de ánimo. Pero no es la clase de tristeza que la mayoría de nosotros conocemos, pues en los casos normales casi siempre es relativamente transitoria, y rara vez se puede considerar que altere todos los aspectos de la vida. En la depresión sucede algo diferente, ahí, la tristeza no tiene límites en el tiempo, y en la intensidad, parece ser absoluta, además, es muy profunda, y no es posible que uno simplemente se la sacuda.

Nada parece aliviar esta sensación de total abatimiento, las personas que padecen la depresión, como vimos en el capítulo anterior, han perdido el interés por todo aquello que antes les parecía estimulante, y se vuelven incapaces de sentir placer con aquello que antes disfrutaban. La tristeza se presenta como invencible.

Es muy común, particularmente en las primeras etapas de la depresión, que las personas se sientan peor en un momento determinado del día, y muchos coinciden en que se trata de las mañanas.

Este hecho en sí mismo es ya bastante inadecuado para empezar el día, pero si el padecimiento progresa sin tratamiento, estos sentimientos de infelicidad van empeorando durante la jornada, convirtiéndose en auténtica desesperación; ésta es la dinámica del sentimiento que narran las personas que han sufrido depresión y se han recuperado.

Cuando la gente se encuentra en un estado de aguda desesperanza, todo parece profundamente oscuro. No se puede obviar el hecho de que la situación por la cual atraviesan las personas con depresión puede ser de verdad muy desgastante; por ejemplo, desde el punto de vista financiero, pues en su situación emocional ellos pierden todo su ingenio y sus habilidades para pensar en la solución de los problemas. Ellos interpretan el panorama como para darse el peor pronóstico de resultados, y parecen impotentes de hacer algo para prevenir que esto suceda. La situación empeora de frente a este hecho aparentemente inevitable, como si fuera una fatalidad del destino, por lo que las personas depresivas suelen sentirse inútiles, e incluso pueden pensar que cualquier cosa que salga mal se debe atribuir a ellos. Estos sentimientos de inutilidad y culpa se unen a los sentimientos de tristeza y desesperanza. Este desgaste emocional puede llevar a las personas a pensar que no tiene caso seguir viviendo; comienzan a sentir que no pueden vivir en un mundo desprovisto de esperanza, y entonces emergen ideas suicidas del tipo que comentamos anteriormente en este mismo capítulo.

Sufrimiento e insensibilidad

Algunas personas que han padecido depresión nos hablan de que han experimentado un enorme sufrimiento interno al estar en el proceso de la enfermedad; cuando la enfermedad empeora, ese profundo sufrimiento puede llegar a paralizar de dolor a la persona, haciéndola insensible. En esta etapa, los pacientes dicen haber sentido un vacío interior, y cuando se trata de casos graves, comentan que alcanzan un estado en el cual ellos parecen incapaces de sentir, sin poder responder a ningún estímulo.

Una mujer se refirió al hecho de que en la fase más difícil de su enfermedad, justo antes de que le fuera diagnosticada y comenzara con su tratamiento, ella no solamente había dejado de sentir ese sufrimiento interior, sino que su capacidad para percibir el dolor físico estaba alterado. Ella comentó que en un ocasión se quemó cuando sacaba algo del horno, pero ya que en realidad no sintió gran cosa, su reacción ante la ampolla que le salió en el brazo fue de indiferencia. En realidad, todas las respuestas ante los estímulos físicos y mentales se estaban debilitando a causa de la depresión.

Fatiga

Hemos visto al principio de este capítulo, cómo es que los amigos y parientes pueden detectar depresión en el que la padece por los cambios de comportamiento que éste presenta. La pérdida de interés es uno de esos cambios fácilmente observables.

En ocasiones, las personas depresivas recuerdan haber sentido esa falta de interés durante el tiempo que estuvieron enfermos, pero éste no es un recuerdo tan vívido como lo es para la mayor parte de los afectados la fatiga; pues ésta les impedía llevar a cabo casi cualquier actividad, aunque hubiera existido el deseo para movilizarse, pero, sencillamente, no tenían la energía suficiente.

Todos aquellos que han sufrido esta clase de fatiga que acompaña a la depresión, comentan que va mucho más allá de la clase de cansancio que alguna vez experimentaron. Ha sido descrita como un estado de agotamiento que permea el cuerpo por completo.

Cuando las personas están bajo tal estado de fatiga, encuentran demasiado agotador realizar la más mínima tarea. El simple hecho de ir a comprar algunas cosas a la tienda puede significar para ellos lo mismo que para una persona común el escalar el Everest.

Considerando que la fatiga viene acompañada, la mayoría de las veces, por la afectación de la memoria y pérdida de concentración, además de la indecisión e, incluso, la confusión mental, puede alcanzarse de manera fácil la etapa en la que las tareas cotidianas se presenten como sencillamente insuperables.

Sentimientos de desvalidez

Combinado con la fatiga y la implacable tristeza, es común que las personas depresivas tengan sentimientos de desvalidez extrema. Ellos pueden encontrarse en una situación difícil, en la que, por lo normal, determinarían hacer algo para poder manejarla; pero cuando están profundamente deprimidos, suelen tener la sensación de que los resultados serán desastrosos, y que además, ellos no pueden hacer nada por evitarlo.

Sentimientos de desvalorización por sí mismos

Las personas depresivas casi siempre pierden su autoestima; sus sentimientos de desvalidez y su fatiga crean una fuerte sensación de inutilidad, haciendo que su falta de amor propio pueda llevarlos a pensar que el mundo estaría mejor sin ellos. La terrible consecuencia de esto puede ser el inicio de las ideaciones suicidas, a las que nos hemos referido antes en este mismo capítulo.

Sentimientos de culpa

Aunque no necesariamente, por lo común la depresión se presenta como respuesta a un desafortunado o traumático evento en la vida; y con frecuencia, este evento no es de ninguna manera ocasionado por la persona que lo sufre, y que más tarde lo convertirá en la fuente de una forma depresiva.

Cualesquiera que sean las circunstancias, muchas personas depresivas no sólo se culpan a sí mismas por cualquier acontecimiento que haga surgir su depresión, sino por cualquier otra situación desafortunada que suceda. Incluso se culpan por lo que les sucede a los otros, aunque ellos no hayan tenido la posibilidad de haber estado involucrados; por ejemplo, ellos se culpan por el ataque cardíaco que le ocurre a un familiar, por el accidente de moto de un amigo o por la muerte de un colega.

Vivir con tal carga de culpas puede volverse intolerable, y llevar a la persona depresiva a la ideación suicida, pues piensan que el mundo estaría mejor si el causante de todas esas tragedias dejara de existir.

Pérdida de la capacidad de concentración

Por muchas razones, todos nos hemos sentido alguna vez incapaces de enfocar nuestra atención; ya sea porque estamos cansados, algo nos preocupa, nuestro trabajo nos parece muy aburrido, o porque quisiéramos estar haciendo alguna otra cosa. La falta de concentración como síntoma depresivo no se da por momentos; no se trata de lapsos aislados, sino que representa un estado general continuo que empeora junto con el padecimiento. Éste es un aspecto de la depresión que puede tener implicaciones graves, tanto para el que la padece como para los otros.

La falta de concentración dentro del trabajo tiene serias consecuencias. Prácticamente todos los trabajos requieren cierto grado de concentración, unos más que otros. La falta de concentración en el desempeño de algunos cargos, pueden significar poner en riesgo la vida de los demás. La sociedad necesita estar al tanto de esto, además de comprender que éste es un síntoma de la depresión. Las personas que siguen trabajando, a pesar de padecer este síntoma, representan un verdadero peligro; sin embargo, no es culpa suya. Por lo regular, ellos no tienen idea de lo que les está sucediendo, por lo que no es muy frecuente que busquen ayuda. Lamentablemente, es común que cuando se deciden a hablar de sus problemas no encuentren la respuesta adecuada, pues las personas que ellos consultan no están capacitadas para diagnosticar una depresión, ya que por lo general ignoran que la falta de atención es una característica típica de la depresión, o porque no logran darse cuenta de los alcances del problema. Es preocupante que la depresión produzca una pérdida de la concentración, además del hecho de que generalmente progresa sin ser diagnosticada; pues no sólo en el área de trabajo se puede poner en riesgo la vida de los demás, sino también al conducir un automóvil o maquinaria; todo esto constituye un riesgo para la persona y los demás.

La falta de concentración puede volverse muy severa cuando se trata de una persona que padece depresión. Las personas que la han sufrido dicen haber estado imposibilitadas para leer una revista, un diario, o simplemente para poner atención a un programa de la televisión. Incluso son incapaces de concentrarse lo suficiente para comprender lo que dice una carta.

Deficiencias en la memoria

La dificultad de recordar cosas no es una condición que suela considerarse característica de la depresión. Sin embargo, con frecuencia las personas, una vez que se han recuperado de la depresión, hablan de la gran preocupación que les causó darse cuenta de que tenían problemas para recordar cosas. Este síntoma se vuelve notorio en personas que experimentaban una excelente memoria, al grado de no tener que anotarlo todo con el fin de recordarlo. Cuando estas personas se dan cuenta de que ya no pueden recordar los números telefónicos que sabían de memoria desde hacía muchos años, comienzan a preocuparse.

La angustia va en aumento si olvidan las citas o arreglos que han hecho; estas omisiones pueden tener importantes consecuencias a lo largo de sus vidas; pueden olvidar, por ejemplo, el asistir a una junta de trabajo importante, o incluso recoger a los niños de la escuela.

A todos nos ha sucedido que ocasionalmente olvidamos algo, tal vez un número de teléfono que conocemos bien, pero cuando esto nos sucede de manera constante, es natural que surja la ansiedad. Las personas que sufren depresión llegan a pensar que se están volviendo locas, y es precisamente la pérdida de memoria lo que los hace llegar a esta conclusión.

Es muy fácil para ellos diagnosticar en forma errónea su padecimiento a partir de la debilidad de su memoria; ellos piensan que se trata de la enfermedad de *Alzheimer*, la cual se ha publicitado ampliamente en nuestros días. Existen incluso jóvenes que creen padecerla, ya que se ha difundido el hecho de que el mal de Alzheimer no es una enfermedad que afecte sólo a las personas de edad.

Desafortunadamente, parece que las personas que pasan por una depresión y que están sufriendo a causa de sentimientos de desesperación, inutilidad y pensamientos suicidas, pasan después a una etapa en donde consideran que tienen una enfermedad que deteriorará la mente de manera irreversible, llevándolos a generar ideas suicidas aún más intensas.

Indecisión

Aunado al deterioro de la memoria y a la pérdida de la capacidad de concentración, muchas personas que han sufrido de una grave depresión nos dicen que pasaron por momentos de gran indecisión. Parece que dejan de ser aptos para tomar decisiones, aun en los asuntos más triviales, y cuando eventualmente logran decidirse por algo, de pronto cambian de opinión. Recuerdan haber hecho una gran cantidad de compromisos que luego cancelaron, aunque también sucede que se les ha olvidado que los hicieron y no se presentan.

Confusión mental

Otro aspecto de la depresión, al que no se le ha dado la importancia que merece, es la confusión mental. El problema para reconocer este síntoma estriba en que esta clase de confusión llega a presentarse hasta la etapa más avanzada, cuando el padecimiento es bastante severo. Las personas que llegan a sentirlo comentan que es como tener la mente llena de bruma. A muchas personas les parece que éste es el último síntoma que se presenta, después de haber resistido y sufrido la pérdida de la memoria, la indecisión y la incapacidad de concentración.

Cuando comienzan a sentir esta confusión mental, junto con el deterioro de su memoria, tienden a pensar que ellos, definitivamente, tienen una enfermedad que ha dañado de manera irreparable sus mentes; y de nuevo los pensamientos suicidas se ven exacerbados.

Pensamientos suicidas

Ya se ha hablado de este tema en el capítulo donde se comentan los signos externos de la depresión, y lo hemos mencionado ahí porque es común que esta tendencia se manifieste por sí misma en el comportamiento de las personas depresivas, e incluso en su discurso a lo largo de sus conversaciones, así que para mayores detalles, favor de remitirse a esa sección, bajo el mismo subtítulo: "pensamientos suicidas".

Las personas que tienen pensamientos suicidas bajo depresión, tal vez no se den cuenta de que los están teniendo y probablemente no planeen conscientemente quitarse la vida. Sin embargo, desde su punto de vista, el mundo es completamente negativo, y dado que su depresión les hace ver o imaginar todo oscuro, ellos pueden comenzar a buscar la desaparición, asociada con la oscuridad total.

Los sentimientos de tristeza, impotencia y culpa contribuyen a que se generen los pensamientos suicidas, además de que quienes sufren todo esto se encuentran preocupados, porque sienten que algo anda mal con su mente, ya que tienen deficiencias en su memoria, una pérdida de su capacidad de concentración, y además, una gran·confusión mental.

En una conversación con una mujer que había sufrido una severa depresión, al grado de requerir hospitalización, ella me dijo que el médico que la atendió la había declarado simplemente como suicida. De inmediato, sus amigos dijeron que ella nunca había mencionado el suicidio, e incluso ella misma dijo que jamás se había referido al suicidio, y menos aún para sí misma. Ella no se veía hacia el futuro, como si realmente no tuviera posibilidades de subsistir; por otro lado, estaba teniendo pesadillas, y durante el día tenía pensamientos en los que se veía ahogándose y no podía nadar.

Sintomatología física

Cuando las personas están sufriendo depresión, algunas veces experimentan problemas de salud como el estreñimiento, y desórdenes en su sistema digestivo, como acidez y gases, así como también dolores de cabeza persistentes.

También es común que se presenten dolencias sin ninguna causa física definida, por lo que tales padecimientos no responden al tratamiento. Debido a su enfermedad, estas personas no están en posición de pensar razonablemente, como lo harían en circunstancias normales, en ocasiones se convencen de que algunos dolores físicos son, de hecho, la señal de una terrible enfermedad que el médico, o no ha podido diagnosticar o simplemente ha diagnosticado, pero que aún no se los ha revelado.

Las personas depresivas experimentan sudoración como parte de los ataques de pánico, ahora se piensa que tales episodios están asociados con la depresión, aunque son normalmente ligados a la ansiedad.

Clases de Depresión

En el capítulo 1 se describieron los síntomas relativos a la Depresión Reactiva y a la Depresión Endógena; pero también existen otras clases de depresión. Una de éstas es conocida como Depresión Postparto, padecimiento que, como su nombre lo indica, puede ocurrir después de dar a luz a un bebé. Otra clase se ha catalogado como Desorden Afectivo de Estación, el cual afecta a algunas personas durante los meses de invierno. Éstas dos últimas también han sido explicadas en el capítulo 1.

Las clases de depresión descritas en el párrafo anterior sólo tienen una fase, la depresiva, y son conocidas técnicamente como "Depresiones Unipolares".

Una clase de depresión que tiene dos fases diferentes, una depresiva y la otra eufórica, es llamada "Desorden Afectivo Bipolar", conocida popularmente como "maníaca-depresiva". Todas ellas también son descritas en el capítulo citado.

Resumen

Las secciones anteriores, que incluyen los rasgos de la sintomatología externa y la depresión interna, cubren en lo posible los síntomas de la depresión, pero no todas las personas depresivas, incluso las que han llegado a grados más severos, padecen todos estos síntomas, y la manera en la que los presentan varía de una a otra.

Aun así, es mejor tener un panorama completo acerca de los síntomas potenciales que pueden presentarse, para identificarlos con mayor precisión. La falta de conocimiento al respecto puede conducir a que la depresión no sea diagnosticada, y por lo tanto, causará una desdicha innecesaria, y lo que es peor, puede llevar a la persona a intentar quitarse la vida.

Campaña médica para contrarrestar la depresión

Existe una gran preocupación entre los profesionales médicos sobre la falta de información que existe en el público en general acerca de la depresión. Algunas campañas que se han dado a la tarea de educar a la población acerca de algunas enfermedades han tenido buenos resultados. La mayoría de las mujeres saben ahora suficiente sobre los problemas de salud más comunes en su sexo, y en particular, sobre el cáncer de mama.

Se puede tomar como modelo la experiencia inglesa, que se realizó de manera muy amplia, sobre la base de formalizar una educación sobre la salud y la necesidad de informar verazmente al público acerca de la depresión. El *Royal College of Psychiatrists*, junto con el *Royal College of General Practitioners* lanzaron en 1992 una campaña llamada "Campaña para contrarrestar la depresión". En un folleto publicado para la campaña se enlistaron los síntomas más comunes de la depresión. Se trata de ciertos síntomas característicos que le darán la clave a usted, a su familia o a su médico para comprender que se requiere de una ayuda profesional. La lista es la siguiente:

- Pérdida de interés e incapacidad para disfrutar de la vida.
- Falta de dirección y motivación, que hace que las tareas más simples y las decisiones elementales se conviertan en algo difícil o imposible de realizar.
- La sensación de una gran fatiga.
- Inquietud.
- Pérdida del apetito, y por ende, de peso.
- Dificultades para dormir o sueño excesivo.

- Disminución en las demostraciones de cariño y disminución del deseo sexual.
- Pérdida de autoestima; evitan convivir con otras personas.
- Irritabilidad.
- Sentimientos de inutilidad e inadecuación; se sienten malos, indefensos y desesperanzados.
- Se sienten mal en un momento particular durante el día, generalmente por las mañanas.
- Pensamientos suicidas. Estos son muy comunes en la depresión, y son mejor admitidos como la clave definitiva de que la persona debe buscar ayuda.

Capítulo 3

DIFICULTAD DE DIAGNÓSTICO EN LA DEPRESIÓN

La toma de conciencia

Generalmente, cuando sentimos que algo anda mal, por lo menos tenemos una idea de qué puede ser. Podremos equivocarnos al subestimar o sobreestimar la gravedad de aquello que nos aqueja, pero generalmente tenemos una idea aproximada sobre lo que puede estar generando el problema, e incluso lo podemos focalizar. Por desgracia, esto no sucede cuando se trata de la depresión, por lo que será afortunado que uno se haga consciente de lo que significa la depresión, antes de padecerla. Aunque cabe señalar que con todo y que se tenga este conocimiento, es posible que las personas no detecten que la sufren, aun cuando la hayan padecido anteriormente.

La necesidad de concientizar al público

Es primordial que las personas tengan una mejor información acerca de los síntomas que presenta la depresión, ya que de esta manera podrán detectar ciertas características en sus amigos o en sus familiares, que le darán la clave para animarlos a que busquen ayuda profesional y asegurarse de que se estén atendiendo.

Libros sobre depresión

Habitualmente, cuando las personas tienen un problema de salud, desean saber más acerca de lo que les aqueja, y buscan libros que les den más luz, tomándolos a manera de autoayuda. En la actualidad existen una gran cantidad de libros publicados sobre temas de salud, dirigidos al público en general, y el tema de la depresión no es una excepción.

Desafortunadamente, la misma naturaleza de este padecimiento impide a las personas que sufren depresión buscar ayuda, tratando de localizar una publicación sobre el tema en alguna librería, ya que han perdido el interés, y esto se da aun en personas amantes de la lectura.

La fatiga que los agobia hace que el simple hecho de recorrer el trayecto hacia la librería les parezca intolerable; inclusive en el caso de que los amigos sean los que les proporcionen los libros, ellos no logran captar el mensaje del libro, ya que, como se ha comentado con anterioridad, están sufriendo de una pérdida en su capacidad de concentración.

De cualquier manera, y en especial, cuando uno se encuentra sano, esta clase de lectura puede ser de gran utilidad. Si amigos y parientes tienen inquietudes acerca de la depresión y los leen, estarán en una mejor posición para ayudar a las personas que padecen depresión y pueden ser de gran ayuda en el diagnóstico.

Paciente y doctor

Es común que aquellos depresivos, en particular los que están sufriendo la enfermedad en un grado severo, requieran de grandes esfuerzos por parte de sus allegados para animarle a solicitar ayuda profesional; puesto que, además de todo, su sensación de estar exhaustos y la gran fatiga que los domina, los hace considerar como algo imposible el realizar cualquier viaje, por pequeño que sea. Por otro lado, también tenemos que considerar el factor de indecisión que por lo regular acompaña a la depresión. Estas personas pueden llegar a prometer que buscarán ayuda e incluso harán una cita para ver a un médico, pero sólo para cancelarla posteriormente. Este proceso puede repetirse innumerables veces, así que la única manera de asegurarse de que lo harán, será acompañarlos, por lo menos, hasta la sala de espera del consultorio.

Diagnósticos de los médicos generales

A menos que la depresión ya esté en un estado avanzado, y la persona intente cometer suicidio y sea hospitalizada, el primer filtro a donde, por lo general, llega una persona con depresión, es el médico general. Por desgracia, el que una persona depresiva llegue a consulta con uno de estos médicos no siempre garantiza que se elabore un diagnóstico correcto, o que se obtenga la prescripción de un tratamiento adecuado.

Problemas de los pacientes

Algunas veces, el fracaso para obtener un diagnóstico preciso sobre la depresión depende tanto del paciente como de la naturaleza del padecimiento; aunque no puede culparse de ninguna manera al paciente por este hecho. Tal y como se dijo en el capítulo segundo, la persona depresiva no siempre aparenta sentirse profundamente desdichada, así como también puede no manifestar "pistas" que faciliten el diagnóstico. Además, ya se ha dicho que una persona depresiva, por lo menos antes de que el padecimiento se agrave, puede hacer enormes esfuerzos para comportarse normalmente, incluso mostrándose animada en reuniones sociales. Siendo así, en la visita al médico puede no llegarse a una interpretación correcta. Estos esfuerzos pueden dejar exhaustas a las personas que padecen depresión, pero el hecho de que asuman esta apariencia en la que denotan tal normalidad, impide que el médico observe algunos indicadores que lo lleven a pensar que se trata de un problema depresivo.

El papel del médico en el fracaso del diagnóstico

A veces, el error en el diagnóstico del padecimiento depende del médico. Es absurdo creer que los doctores son infalibles, o que todos están igualmente capacitados para manjar todos los campos de la medicina. Darse cuenta de qué tan común es que la depresión no sea diagnosticada y qué tan importante es el reconocer su sintomatología, es algo relativamente reciente; ya vimos que apenas en 1992 se lanzó la campaña para Contrarrestar la Depresión en Inglaterra.

Recientemente se ha dado un mayor énfasis a la necesidad de comprender la enfermedad mental; por esa razón, los médicos que acaban de graduarse tienen una mayor capacidad para manejar a sus pacientes depresivos, más que aquellos médicos mayores, aunque bien calificados, y seguramente atentos a las novedades médicas, que no logran comprender a fondo el problema de la depresión.

Pero por ningún motivo se debe interpretar lo anterior como que los médicos que llevan un número mayor de años practicando la profesión no puedan reconocer la depresión, sobretodo, si tomamos en cuenta que el diagnóstico depende en gran medida de la experiencia. Lo único que se trata de aclarar aquí es que los médicos mayores, a diferencia de sus colegas más jóvenes, tienden a considerar menos importantes los factores psicológicos; por lo tanto, estarán más alerta a las condiciones físicas obvias que presentan sus pacientes, que a las emocionales.

Sintomatología física, como punta de lanza

La tendencia de indagar a partir del estado físico cuando se presenta un padecimiento depresivo es propiciada por la forma en la que algunas personas que tienen depresión expresan en esa primera cita los síntomas de sus dolencias al médico. Como el paciente puede estar sufriendo de algunos síntomas físicos que pueden asociarse con la depresión, se enfoca en describir, por ejemplo, desórdenes digestivos, en vez de comentarle cómo es que se siente de ánimo o cuáles han sido sus sentimientos íntimos. De esta forma, el médico puede pasarse un tiempo tratando de encontrar la causa de los síntomas y dando tratamiento para su curación, pero de manera errática. El doctor podría prescribirle a una persona que está sufriendo de una depresión mayor, que haga comidas variadas y ricas en fibras para curarlo de un desorden digestivo; esto, por supuesto, toma tiempo, y distrae la atención del médico para llegar a un diagnóstico preciso. También el médico puede pasar un tiempo considerable tratando de encontrar el origen físico de una jaqueca persistente, muy común en la depresión.

Además, estas búsquedas para identificar la causa de un determinado síntoma físico y el consecuente fracaso en la tarea, pueden convencer al paciente depresivo de que existe una enfermedad terminal, como una forma particular de cáncer. Como se mencionó en el capítulo 2, el hecho de que los pacientes lleguen a este tipo de conclusiones fatalistas es un indicador de que están sufriendo de una depresión severa.

Resulta nefasto para un paciente depresivo si su médico, aunque sea de manera tácita, le hace creer que tienen un tipo de padecimiento que amenaza su vida, sin antes haber emprendido un exhaustivo examen físico y lo haya sometido a diversas pruebas. Dado que las personas que sufren una fuerte depresión son propensas a tener ideas suicidas, las deducciones de su médico de que tienen una enfermedad terminal causan que estos pensamientos se intensifiquen.

Habilidad para comunicarse

Tratándose de depresión, un método de entrevista eficaz por parte del médico para comunicarse con su paciente es de vital importancia; puesto que sólo de esta manera el médico podrá hacer que el paciente saque a flote cuáles son sus sentimientos, y así lograr un diagnóstico sobre depresión. Si sus técnicas no son lo suficientemente buenas, el diagnóstico no logrará hacerse de forma correcta.

Hoy más que nunca se le ha dado un énfasis especial a las habilidades que los médicos deben desarrollar para comunicarse correctamente con sus pacientes. Es un hecho que tanto en las escuelas de medicina como en otras instituciones, los profesionales de la salud han comprendido cabalmente la gran importancia de aprender tanto a expresarse como a escuchar, dejando de utilizar una terminología médica que no está al alcance de sus pacientes.

El factor tiempo

Llegar al diagnóstico de la depresión no es tan fácil como pudiera parecer; puede tomar mucho tiempo antes de que el paciente logre darle a su médico alguna información que pueda ser clave para determinar su estado real. Incluso psiquiatras especializados en depresión tardan casi una hora antes de sentirse lo suficientemente seguros de que se trata de depresión y hacer su diagnóstico.

Hasta cierto punto, el tiempo que toma el hacer el diagnóstico, depende de la naturaleza del padecimiento. Como hemos visto, la depresión conlleva un decaimiento en los sentimientos y el espíritu de las personas, por lo que tienden no sólo a estar desanimados, sino que son menos expresivos y sensibles que antes, aunado a la dificultad que tienen para concentrarse en lo que están haciendo, la merma en su capacidad para recordar y la profunda fatiga; son síntomas y comportamientos que difícilmente pueden ser detectados en una rápida visita al médico.

El hecho de que la depresión conste de un rango tan amplio de síntomas, y tomando en cuenta que la presencia de uno o dos síntomas aislados no necesariamente son definitivos para considerar que se trata de depresión, es en gran parte lo que dificulta su diagnóstico. Por esta razón, puede tomar mucho tiempo descubrir todos los síntomas y estructurar el cuadro clínico.

El factor tiempo no está relacionado sólo con los médicos, generalmente ellos tienen salas de espera llenas de pacientes y nos sentimos culpables de tomarles esos cinco minutos que les toma confirmar nuestro diagnóstico sobre amigdalitis, o el pedirles que nos repitan una receta. Se nos ha inculcado desde muy pequeños que los médicos son personas muy ocupadas y que no debemos quitarles el tiempo. De ahí que la mayoría de los doctores no le dedique mucho tiempo a cada uno de sus pacientes, siendo generalmente quince minutos el tiempo límite aproximado. Si el médico tomara el tiempo necesario para diagnosticar la depresión a un paciente, la sala de espera estaría abarrotada de personas terriblemente descontentas.

El médico puede sugerirle al paciente que regrese a otra hora, cuando pueda dedicarle más tiempo, sin embargo el problema está en que el paciente tuvo que hacer un enorme esfuerzo y gasto de energía para ir a esa consulta, y es probable que no se sienta capaz de repetir la visita. Por otro lado, dado que los pacientes con depresión severa sufren de una gran indecisión, puede ser que programen la cita para más tarde, pero lo más probable es que la cancelen. También debemos considerar que si están sufriendo de una pérdida de la memoria, no recordarán que quedaron de regresar más tarde.

Considerarlo como algo natural

Este es un problema que ocurre, por lo general, en los casos de depresión reactiva; es decir, cuando la depresión ha sido generada como resultado de un evento traumático o estresante en la vida del paciente. Algunos médicos sienten que si sus pacientes han pasado por circunstancias detonantes, es perfectamente normal que se manifieste una marcada baja en su ánimo, pero lo consideran una reacción normal.

Por lo regular, los médicos desconocen la profundidad de los sentimientos de tristeza, y de los demás síntomas que la acompañan; así que en vez de tratar el padecimiento, están prestos a animar a sus pacientes diciéndoles que "deben salir adelante", que "luchen", que se "sacudan esa tristeza", etc. Esto puede ocurrir a menudo, incluso cuando el médico conoce muy bien a su paciente.

Cuando los médicos no conocen bien al paciente

La falta de tiempo y lo poco que saben acerca de su paciente es, en parte, el obstáculo para poder hacer un diagnóstico de depresión. Pero también tiene que ver la incapacidad de los pacientes depresivos para ofrecerle a su médico una descripción coherente y exacta acerca de los síntomas que presentan.

Un factor que contribuye a la dificultad del diagnóstico es que los médicos tienen un gran número de pacientes en sus listas, a los cuales ven muy poco, o incluso, que jamás han visto en su vida, ya sea porque se hayan mudado recientemente a esa zona o porque hayan cambiado de médico.

Hemos visto en el capítulo anterior, cuando hablamos de los síntomas, lo notorio que resulta la falta de ánimo en una persona, especialmente si acostumbraba ser vivaz y expresiva antes de que cayera en depresión; por lo tanto, el diagnóstico, en este caso, dependería hasta cierto punto del contraste entre el comportamiento del paciente antes y después. Pero sólo si el médico conoce bien al paciente se podrá detectar la diferencia y se estará capacitado para atribuir el repentino cambio a la depresión, sobretodo, si esto va aunado a otros síntomas característicos de la enfermedad.

Cuando el médico ha visto al paciente una que otra vez, o nunca, no tendrá manera de saber si la persona siempre ha sido introvertida y reservada, así que estas observaciones podrían ser ignoradas, y el diagnóstico adecuado no se llevaría a cabo.

Ayuda de amigos y familiares

Es común y natural que a los médicos les guste ver a sus pacientes a solas, y sin intromisiones de amigos o de miembros de la familia, a menos que se trate de un pediatra. Sin embargo, si usted tiene un amigo o alguien de su familia que parezca estar sufriendo de una depresión, y usted está al tanto de que no le ha sido diagnosticada, será de gran ayuda que lo acompañe a visitar al médico y que haga hincapié en los cambios que ha observado. Es muy probable que incomode al médico, pero si no lo hace así, seguramente lo lamentará.

Anthony Clare, en su libro *Depresión y cómo sobrevivir a ella,* dice que es alentador que los médicos fallen menos para diagnosticar a los pacientes que en realidad están pasando por una depresión mayor. Y al mismo tiempo, indica que existe otro problema en relación al diagnóstico, dado el hecho de que aquellas personas severamente deprimidas, a las que su médico no les ha reconocido ni diagnosticado como depresivas, tienden a mostrar de manera menos abierta la evidencia de su padecimiento, y están menos dispuestas a atribuirle a la depresión sus síntomas y dolencias.

El estigma de la enfermedad mental que se asocia con la depresión

Adicionalmente a los otros problemas asociados con el diagnóstico de la depresión, nos enfrentamos con el problema de que algunos médicos no sólo no están muy relacionados con la enfermedad desde un punto de vista psicológico, sino que, definitivamente, se niegan a atribuir a sus pacientes una enfermedad mental, incluyendo a la depresión, puesto que no desean que ellos sufran del estigma social que viene asociado a este padecimiento.

Existe todavía una gran estigmatización relacionada con cualquier tipo de enfermedades mentales, aunque se espera que los intentos por educar al público en esta área lleguen a tener el éxito esperado. Por lo pronto, nos encontramos con la tendencia a asumir que cualquier persona a la que se le haya diagnosticado un desorden mental está "loca", que se comportará de una manera descontrolada y que incluso puede ser peligrosa.

Ya se cuenta con una categorización para comprender que existen varios tipos de enfermedades mentales con diferentes sintomatologías y distintas intensidades. Es un hecho que muchas personas desconocen que algunas clases de enfermedades mentales, incluyendo la depresión, no constituyen una forma de demencia y son perfectamente tratables.

Empresarios y el estigma de la depresión

Es con este argumento que muchos médicos generales pueden, incluso inconscientemente, tratar de proteger a sus pacientes. En parte porque los empresarios o jefes en el trabajo lo consideran un peligro para sus negocios y no sienten compasión alguna por los empleados que sufren de alguna "enfermedad mental".

Muchos de estos empresarios están en contra de mantener las plazas de la gente que ha sido catalogada en el trabajo como depresiva, o que sufre de alguna clase de desorden mental, por lo que buscará la manera de deshacerse de estos elementos. Tampoco querrá reinstalar en sus puestos a personas que debido a una enfermedad mental hayan sido hospitalizadas, sin considerar el hecho de que la gente que sufre de depresión con frecuencia se recupera por completo después del tratamiento.

Ya que los médicos generales están muy conscientes del estigma que provoca la mención de una enfermedad mental, y de la probable actitud de un gran número de empleadores, ellos se muestran renuentes a dejar por escrito en el reporte del certificado médico que la causa por la que el empleado no se presentó a trabajar fue la "depresión", y en vez de esto, mencionan, por ejemplo, que se trató de "una infección respiratoria", a sabiendas de que es mentira. Esto sencillamente se suma a los sentimientos de minusvalía que están experimentando las personas que padecen depresión.

Remitiendo al paciente a un psiquiatra

Los médicos generales comúnmente se muestran reacios a remitir a sus pacientes con un psiquiatra, aun cuando los pacientes parezcan bastante afectados mentalmente y ellos mismos no sepan qué es lo que anda mal ni cómo tratar su problema. Esto ocurre, en parte, porque están acostumbrados a tratar principalmente enfermedades físicas; por otro lado, porque las enfermedades mentales están estigmatizadas, y por último, porque muchos médicos generales sienten un recelo por los psiquiatras. Este último hecho es muy desafortunado, ya que los psiquiatras, que son especialistas en enfermedades mentales, se encuentran mucho mejor preparados para diagnosticar los casos de depresión severa que los médicos generales. Por desgracia, muchas personas que sufren depresión intensa buscan la ayuda de un psiquiatra sólo cuando el padecimiento los lleva a tratar de suicidarse y son hospitalizados.

Recelo y temor sociales

Parientes y amigos, así como también médicos generales, pueden sentirse preocupados por el estigma que causa una enfermedad mental; por eso es muy común que ellos intenten disuadir a las personas que sufren de depresión para que no asistan a la consulta con el psiquiatra, identificando a esta clase de especialistas como "médicos de locos", a pesar de la gran cantidad de literatura e información general acerca de la incidencia de trastornos que tienen un origen mental.

Muchas personas ignoran los hechos de las enfermedades mentales y sienten temor. Es común que vean con recelo y miedo a cualquier persona que sufre de algún padecimiento identificable como mental, y no desean que ningún miembro de su familia o de su grupo de amigos sea diagnosticado con una enfermedad de este tipo.

Ellos prefieren pensar que sus familiares o amigos, que parecen lejanos, y que en general se comportan de manera muy distinta a como solían ser, sólo necesitan descansar. Por otra parte, ellos piensan que las personas depresivas están simplemente abandonadas a su suerte y por eso les insisten en que se "sacudan esa falta de ganas", sin darse cuenta de que para los que sufren de una depresión intensa, esto sencillamente no es posible ni física ni mentalmente.

Capítulo 4

CAUSAS DE LA DEPRESIÓN

Nada que esté relacionado con la depresión parece estar libre de problemas, y las causas que la producen no son la excepción. Los médicos coinciden en decir que no existe una causa para la depresión, pero con tal aseveración, el asunto se vuelve aún más complicado. Se han dado a conocer varias teorías, pero la verdad es que ninguna de ellas es concluyente.

Los médicos sienten que cuando sepan más acerca de las causas de la depresión, serán capaces de diagnosticarla en menos tiempo y más acertadamente, por lo que podrán tratarla con mayor eficacia. Por el momento, están esperando los resultados de una futura investigación, aunque Anthony Clare, en su citado libro, menciona que "...sólo en un pequeño número de casos, los síntomas de la depresión son identificables".

Detonadores potenciales

Es probable que la clase de depresión que al parecer es más comprensible, desde el punto de vista de las causas, es la llamada "depresión reactiva". Como el nombre lo indica, esta depresión parece ocurrir como respuesta a un determinado evento en nuestras vidas, que nos trastorna y que comúnmente es doloroso. En estos casos, algo parece actuar como detonante que inicia el periodo depresivo.

Semejante detonador puede ser cualquier hecho angustioso de la vida, como la muerte de un miembro cercano de la familia o un amigo íntimo, un divorcio especialmente desagradable, o la pérdida repentina de un empleo que la persona creía que era para toda la vida, en particular cuando estas personas están en cierta edad en la que no sería fácil conseguir otro empleo.

El detonador, sin embargo, puede ser algo que en apariencia no debiera provocar angustia o dolor, como es el cambio de casa o el cambio de empleo, que les haga mudarse a otra ciudad, pese a que el cambio fue promovido por ellos mismos y lo interpreten como algo positivo.

Esta relación de causa y efecto de los detonantes y la depresión es obviamente demasiado simple. En realidad, no todos los eventos traumáticos o dolorosos de la vida llevan a una depresión intensa. Muchas personas que han sufrido verdaderas tragedias no han generado estados depresivos, mientras que otras parecen desarrollar la depresión como reacción a un incidente que aparece como trivial en sus vidas, aun cuando hayan podido superar eventos aún más traumáticos anteriormente y no hayan tenido problemas.

El folletín publicado por el *Royal College of Psychiatrists*, en conjunto con el *Royal College of General Practitioners*, en su campaña "Contra la Depresión", compara lo que parece ser una reacción normal hacia un evento doloroso, con lo que sucede en la depresión:

"Es normal que se sienta uno deprimido después de un evento traumático o doloroso, pero normalmente después de un periodo determinado, la persona lo supera. Pero en ocasiones tales eventos llevan a la persona a una depresión más seria y persistente, de la cual no es fácil salir".

La gota que derrama el vaso

Muchas personas creen que existe un elemento multifactorial en la relación entre el supuesto detonante o evento angustioso, y la depresión. Ellos piensan que la depresión puede no ocurrir si sólo existe un evento doloroso o molesto en la vida de la persona, y que la depresión acontece en respuesta a un conjunto combinado de factores desafortunados y estresantes, los cuales actúan como el detonante, saturando a la persona de preocupaciones hasta que, finalmente, uno de esos eventos sea "la gota que derrama el vaso".

De este modo, por ejemplo, alguien que está pasando por el desgastante proceso de divorcio puede no deprimirse, si es que todo lo demás en su vida ha sido agradable y feliz. Pero si el divorcio sobreviene después de una serie de desastres, aunque hayan sido mínimos, entonces estaríamos hablando de algo muy diferente. Todos tenemos un límite, y la historia puede terminar en depresión.

Circunstancias

En el mismo folleto citado se dice que las circunstancias en las que se desenvuelve la persona que experimenta el evento estresante, puede jugar un papel importante en la manera como la persona responde a dichos eventos. Por lo tanto, las circunstancias pueden aumentar la probabilidad de que las personas entren en depresión. Por ejemplo, si el evento ocurre cuando estamos solos, sin amigos, y tenemos otras preocupaciones, o nos sentimos físicamente débiles, caeremos fácilmente en una seria depresión, de la cual, en circunstancias más felices, hubiéramos podido salir con facilidad.

Aislamiento o soledad

Algunas mujeres con las que tuve la oportunidad de hablar, mencionaron que después de haber tenido que enfrentar un evento en su vida que les ocasionó un gran dolor, la circunstancia que ellas piensan contribuyó a su depresión fue el no haber tenido cerca a nadie en quien pudieran confiar. No es que no tuvieran amistades, pero los que tenían cerca no eran de la clase de amigos con los que se comentan los asuntos personales, y con quienes uno puede compartir intimidades.

Muchas de estas mujeres tenían grandes amigos, pero dado que se ha hecho tan común que se cambien de ciudad, esos amigos vivían muy lejos, algunos en el extranjero. Las mujeres que han padecido depresión y que no han tenido a su alcance a la persona indicada para hablar de su problema, sienten que las conversaciones telefónicas, sobre todo las de larga distancia, no son tan efectivas ni tan enriquecedoras como el contacto personal. El no poder hablar con alguien que realmente comprenda a profundidad sus preocupaciones, las hace sentirse totalmente solas.

No es de sorprendernos que las personas que han estado desempleadas por un largo tiempo estén propensas a la depresión. Aunque esto no es atribuible a la pérdida de esperanza en tener un empleo en el futuro, pero sí podemos decir que la persona ha caído en un estado de aislamiento. Dado que ha perdido contacto con sus antiguos compañeros de trabajo y colegas, y aunque se reúna con ellos en algunas ocasiones, pronto se quedará sin los recursos económicos para poder seguir socializando con ellos.

Esta situación empeora para las personas que se quedan sin hogar, aunque se sabe que entre la gente que vive en las calles hay cierto grado de compañerismo, en esencia, viven una vida solitaria, en la cual no parece haber gran esperanza. No es extraño que muchos pordioseros sean depresivos, aunque existen algunos que desde antes de quedarse sin hogar ya padecían la depresión.

Motivos Sociales

La responsabilidad de la familia y de los amigos

Algunas veces, las personas que han sufrido de una depresión se han sentido traicionadas por amigos y familiares en quienes creyeron que podían confiar. Estos miembros de la familia o amigos que pudiendo ayudar escuchando sus problemas han preferido trivializar el asunto, lo que produce un sentimiento de abandono en el sujeto que sufre el proceso depresivo. Esto no solamente sucede con las personas que están en el punto más alto de la depresión, sino también en aquellas que están inmersas en el proceso de un episodio en su vida que puede ser el detonante para una enfermedad depresiva.

Estos amigos y familiares que no pueden darse el tiempo de brindar un amistoso oído o un hombro en el que puedan llorar, seguramente sienten que no les es posible apartarse de sus múltiples ocupaciones, producto de su agitado estilo de vida. Es muy posible que lo que traten de evitar sea el involucrarse íntimamente en los problemas ajenos, pues parece ser que está de moda la indiferencia sistemática.

Estas actitudes se manifiestan particularmente en relación con los problemas interpersonales, en especial, en las separaciones o en casos de divorcio. Los amigos o la familia suelen decir que no desean tomar partido por ninguno de los dos, y que ambos miembros tienen su parte de responsabilidad en el fracaso de la relación. Lo más probable es que no se les esté pidiendo que tomen partido, sólo se desea que ese alguien tenga la gentileza de escucharlos; sin embargo, ellos no cambian de actitud y abandonan al amigo, haciéndolo sentir totalmente solo.

Las personas que han vivido algún tipo de experiencia traumática suelen sentir la necesidad de hablar al respecto. Necesidad que también se expresa en las primeras etapas de la depresión, aunque en este caso, al paso del tiempo las personas se vuelven más bien introvertidas.

Bajo un estado depresivo, las personas hablarán una y otra vez sobre los mismos temas sin darse cuenta de que lo están haciendo, por lo cual se requiere una enorme paciencia por parte de la familia y de los amigos para no caer en expresiones de insensibilidad o aburrimiento, suspirando pesadamente, alejándose de él o incluso insistiendo en cambiar de tema.

El folletín publicado para contrarrestar la depresión, del que hemos hecho referencia reiteradamente, pone especial énfasis en la necesidad de contar con personas que ofrezcan el servicio de "escuchas", para ayudar a las personas depresivas.

Cuando la familia y los amigos desean saber de qué manera pueden ayudar, se les dice que su participación como buenos oyentes es imprescindible, pero sobretodo, el que sean pacientes ante la conversación circular de la persona depresiva, que llega interminablemente al mismo punto de partida.

Este consejo es aplicable para la familia y los amigos de aquellos que han experimentado un suceso traumático que pudiera llevarlos a estados depresivos, así como también a la familia y amigos de quienes están ya padeciendo la depresión. El folleto hace énfasis en la necesidad de convivir con la persona depresiva y en la importancia de animarlos a hablar.

Esta sugerencia es aplicable tanto en casos de depresivos declarados, como en el caso de depresivos potenciales, después de pasar por una circunstancia dolorosa.

Desafortunadamente, ya no existe esa camaradería o sentido humanístico que solía imperar en la mayor parte de los lugares de trabajo. Esto se puede ver de manera clara en el alto índice de desempleo que existe y en la inseguridad de mantenerse en un puesto; pues debido al constante pánico a ser despedido, el deseo del bienestar y la cooperación entre colegas se ha convertido en una competencia feroz que debilita el sentido humanista dentro de la empresa.

Aunado a esto, tenemos que la plantilla de empleados se ha reducido considerablemente, obligando a las personas a pasar más horas trabajando; y por lo tanto, es menos probable que se sientan con el deseo de quedarse a platicar con un colega o de salir a tomarse una copa con sus compañeros después del trabajo.

La sensación de aislamiento está relacionada íntimamente con la depresión y puede ser un factor que, por lo menos en parte, constituya la causa de la depresión. Se piensa que las personas que por lo general llevan una vida solitaria, pueden estar afectadas, pero de esto se hablará más adelante en el apartado sobre las causas externas.

Factores ambientales

Algunas personas que están llevando a cabo investigaciones sobre la depresión, piensan que los factores ambientales pueden estar implicados en los inicios del padecimiento. Ellos piensan que la combinación del estrés crónico al que se está sometido socialmente y los problemas económicos, pueden dar como resultado el estado depresivo.

Pero el asunto no es tan simple, ya que sabemos que muchas personas, a pesar de que viven en condiciones económicas y sociales muy deplorables, no padecen depresión.

Es probable que el ambiente en el que se vive predisponga a algunas personas a padecer depresión, aunque deben existir otros factores en juego.

Como hemos mencionado, los expertos piensan que es importante para las personas depresivas contar con alguien para conversar, alguien que escuche sus problemas. En este sentido, juegan un papel importante las relaciones estrechas con familiares o amigos, pues son personas que estarán dispuestas a proporcionarles esa compañía y comprensión que necesitan. Estas actitudes evitan que comience a manifestarse la depresión en personas que están viviendo una situación traumática, factor que se cree puede ser un detonante potencial para que se manifieste la enfermedad depresiva.

No toda la gente tiene acceso a esta clase de ayuda. Muchas personas llevan vidas totalmente solitarias, por ser parte del ambiente donde se desenvuelven. Por ejemplo, muchas personas se sienten aisladas y solas viviendo en un departamento ubicado en un gran edificio, en las afueras de la ciudad. Pueden sentirse aislados si viven en una calle donde todos los vecinos salen a trabajar durante todo el día y ellos no.

Es cada vez más frecuente que se opte por "vivir para sí mismo", en parte por el ritmo y las costumbres que ha impuesto la vida moderna, y en parte por los altos índices de criminalidad y violencia que existen en las grandes ciudades. Esta realidad sería mucho más llevadera si contáramos con un buen grupo de amigos con quienes intercambiar ideas y expresar sentimientos.

Género

Predisposición a la depresión, diferenciando ambos sexos

La mayoría de las madres de hijos pequeños se sienten especialmente solas cuando pasan todo el día con ellos en casa. Esta sensación de soledad se ve incrementada en el caso de las madres solteras que no cuentan con una pareja para ayudarles con la carga del cuidado de los pequeños, con la carga económica que representan, o para simplemente comentar sus asuntos. Por otro lado, es posible que vivan en zonas con pocas posibilidades de vida social y medios de transporte insuficientes.

Uno de los rasgos más característicos de la depresión es que parece que un mayor número de mujeres se ven afectadas por este padecimiento en comparación con los hombres. Se cree que los factores sociales y ambientales podrían jugar un papel importante en esta propensión que tienen las mujeres.

Nuevamente vemos que la soledad parece ser un punto importante a considerar. Tenemos entonces diferentes tipos de circunstancias que promueven el sentimiento de abandono o soledad en el caso de las mujeres. Ya se comentó que puede darse en madres que están en casa con niños pequeños, pero también algunas mujeres de mediana edad, en particular después de que sus hijos han crecido y han dejado el hogar, entonces, sienten ese mismo abandono; a esta última clase de soledad se le ha dado el nombre de "síndrome del nido vacío".

Se piensa que el rol que las mujeres tienen en la sociedad les provoca mayor propensión a contraer la depresión que en el caso de la mayoría de los hombres, ya que ellos están más acostumbrados a lidiar con las adversidades cotidianas. Pero, para empezar, las mujeres están tradicionalmente más involucradas con el cuidado de la casa. Y ésta no es sólo una actividad que conlleva una buena carga de soledad, sino que además, deben hacerle frente a los problemas familiares, que comúnmente son dificultades económicas. Cada día puede resultar una verdadera pesadilla cuando no se tienen los recursos para cubrir las necesidades de la familia.

Estatus y rol de las mujeres

En relación con la predisposición de las mujeres hacia la depresión, se le ha dado importancia al hecho de que apenas hace muy poco las mujeres en general tenían una situación de desventaja en la sociedad, comparada con la de los hombres. Aún ahora no logran obtener profesionalmente empleos ni social ni económicamente iguales a los de los hombres.

Los nuevos roles que las mujeres van adquiriendo en la sociedad pueden también aumentar la aparente predisposición de las mismas hacia la depresión. Como hemos visto antes, bien puede haber un elemento multifactorial en la depresión, pues muchas personas logran sobrevivir a un gran número de eventos traumáticos sin contraer la depresión, pero de pronto sucede algo que actúa como la gota que colma el vaso y que genera el estado depresivo.

Es importante darse cuenta de la relevancia que estos nuevos roles de las mujeres modernas juegan en la vida social, pues parece que ofrecen la probabilidad de arribar al padecimiento con más frecuencia. Así, vemos que las mujeres, además de llevar una casa y ser responsables en el cuidado de los niños, tienen puestos ejecutivos o trabajos altamente demandantes. Esto sucede con frecuencia, incluso si la mujer cuenta con una pareja, porque no todos los hombres se sienten a gusto teniendo que cuidar a los niños o ayudando en casa, muchos prefieren mantener su rol tradicional, identificado con la masculinidad, aun si su esposa o compañera tiene un trabajo de tiempo completo.

La presión que representa hacer "malabares" entre las exigencias de la casa y el trabajo, y hacerle frente a los problemas que en ambas áreas pueden ir surgiendo, es precisamente el escenario en el cual aparece el último elemento detonador de la depresión. Por ejemplo, la mujer puede encontrarse al mismo tiempo lidiando con los problemas de la crianza de los hijos, dificultades con la pareja que ya está cansado de vivir con una mujer que le presta poca atención y, paralelamente, hacer frente a las políticas internas de la empresa.

En las mujeres, a diferencia de los hombres, es más frecuente encontrarnos con depresiones unipolares en sus variantes menos severas. En cuanto a las depresiones maníaco-depresivas, parece que no existe ninguna diferencia entre ambos sexos. De hecho, se piensa que sólo en los casos más leves de depresión puede hablarse de un mayor índice de incidencia femenina.

El rol de la fortaleza

El asunto de que exista cierta predisposición dependiendo del sexo, se vuelve confuso por el hecho de que tradicionalmente los hombres son considerados el sexo fuerte. Ellos sienten que no deben mostrar sus emociones de tristeza y que no pueden permitirse el hacer pública su debilidad consultando a un médico acerca de sus sentimientos y estados mentales. Ellos deben mostrarse "fuertes como un roble".

Por lo tanto, es menos común que los hombres busquen el consejo de un médico cuando se encuentran en un estado avanzado de depresión. Tal vez deba de tomarse en cuenta este punto al considerar los resultados que arrojan los índices de predisposición hacia la depresión.

El folleto que hemos citado menciona que:

"Parece ser que las mujeres padecen depresión a mayor escala que los hombres. Esto puede ser porque los hombres están menos dispuestos a admitir sus sentimientos, por lo que se inclinan a suprimirlos, expresándolos de manera agresiva o mediante la ingestión de bebidas alcohólicas; o bien, porque las mujeres pueden llevar una vida más estresante, cuando tienen que trabajar y al mismo tiempo cuidar de sus hijos".

Depresión durante el embarazo

Existen ciertas etapas en la vida de la mujer en donde es más frecuente que padezcan depresión que en otras, o que en la vida de los hombres.

Las investigaciones han demostrado que la depresión durante el embarazo es muy común, en especial, durante el primer y el tercer trimestre.

El parto también está asociado a la depresión, como lo hemos discutido en el capítulo primero, y como se comentó ahí, es muy común que aparezca en los primeros días a partir de dar a luz y generalmente se supera rápidamente; pero la depresión postnatal, que también es muy común, constituye una enfermedad mucho más severa y puede tomar seis semanas o más para que pueda ser identificada.

La menopausia

Frecuentemente se relaciona la depresión con la menopausia. Al hablar de menopausia debemos referirnos a una etapa crucial en la vida de las mujeres, en la cual pueden sentirse deprimidas al comprender que ya no podrán volver a concebir. Este tipo de sentimientos que despierta la menopausia provoca estados depresivos que van unidos a una serie de síntomas displacenteros, como la sudoración y los "bochornos", que frecuentemente aparecen debido a la pérdida de la menstruación. Las mujeres menopáusicas padecen depresión, de la misma manera que les sucede a las personas que se encuentran en el proceso de una enfermedad crónica incapacitante.

Aunque este es el caso, existe cierta polémica respecto a si la menopausia por sí misma es la causa de la depresión. Se ha sugerido la probabilidad de que no exista una conexión directa entre los cambios hormonales que ocurren en el momento de la menopausia y la depresión, aunque la deficiencia de estrógenos en el proceso de la menopausia ha sido colocada como causa posible de la depresión en las mujeres en ese periodo.

Síndrome premenstrual

Muchas mujeres hablan de un sentimiento de desánimo que se presenta unos días antes de que aparezca su menstruación. En el peor de los casos, ellas estarán sufriendo de una severa tensión premenstrual, que puede influir en gran medida a que aparezca la depresión.

Factores psicológicos

Como ya se ha comentado con anterioridad, es poco lo que se sabe con relación a las causas de la depresión; pero a partir de Sigmund Freud se ha postulado que la depresión puede estar relacionada con cierto tipo de vivencias experimentadas a edades tempranas; tales como una infancia infeliz, malas relaciones con uno de los padres o con ambos, rechazo, abuso y otras experiencias desagradables. Esta teoría sobre la depresión suele centrarse en algunas pérdidas sufridas en la primer infancia.

Factores de la personalidad

En la campaña contra la depresión del gobierno británico, implementada para crear conciencia sobre las condiciones de este mal e informar a la población sobre los síntomas, las causas y los tratamientos para la depresión, se enfatiza el que la personalidad puede tener un papel causal en la depresión:

"La personalidad también juega un papel importante en la depresión. Cualquier persona puede deprimirse bajo ciertas circunstancias, pero parece que algunos de nosotros somos más vulnerables que otros; ya sea por nuestra información genética (incluyendo nuestra química corporal), o por ciertas experiencias vividas a una edad temprana".

Esto no quiere decir que algunas personas que adquieren la enfermedad depresiva sean débiles o de naturaleza pasiva; tampoco se está sugiriendo que las personas que en un momento dado en el transcurso de sus vidas sufren de depresión, la adquieran debido a un factor inherente a su personalidad o carácter.

La esencia de nuestra personalidad se formó en los primeros años de nuestra vida; eso nos hace creer que cualquier predisposición en nuestra personalidad hacia la depresión está relacionada con los factores psicológicos descritos anteriormente.

Personalidad creativa

Se ha comentado que existe una relación entre la personalidad creativa y la predisposición de las personas hacia la depresión. Colin Blakemore en *The Mind Machine*, 1988 (El mecanismo de la mente), comenta:

"Efectivamente, parece ser que la creatividad y los desórdenes afectivos, especialmente las psicosis maníaco-depresivas están de alguna manera relacionadas, como en los casos de Saúl, Nabucodonosor, Lincoln y Churchill; Colerdige, Hemingway, Sylvia Plath y Virginia Woolf; Handel, Schumann, Berlioz y Mahler; el comportamiento que todos ellos mostraron, sugiere que todos experimentaron un constante vaivén en su estados emocionales; característica típica de la enfermedad maníaco-depresiva".

Anthony Clare trató la supuesta conexión entre la enfermedad mental, el padecimiento maníaco-depresivo y la creatividad; examinando la evidencia en pro y en contra de la teoría, llegando a la siguiente conclusión:

"Resumiendo la evidencia, la mayor parte de la información estadística favorece una asociación significativa entre la enfermedad mental y la creatividad. Aunque existe una minoría sustancial que critica el reporte de las muestras estudiadas, lanzando un baño de agua fría sobre los resultados".

Clare mantiene el postulado de que la mayor parte de los estudios sobre creatividad parecen estar relacionados con la enfermedad mental, y a su vez, con el padecimiento maníaco-depresivo. Además de que no existe evidencia suficiente para ligar la creatividad con la esquizofrenia, algunos estudios han considerado la teoría de que estas dos características están íntimamente ligadas. Clare incluso llega a sugerir un punto interesante; él dice que lo que puede conectar a la creatividad con la enfermedad maníaco-depresiva, es que la creatividad en sí misma es una clase de enfermedad en la cual "la persona afectada puede expresar fantasías psicótico-neuróticas y preocupaciones" que puedan considerarse socialmente aceptables.

Desequilibrio psicológico en el pensamiento

Es común que se piense que los sentimientos depresivos sean los responsables de la generación de pensamientos depresivos y negativos, además de un panorama pesimista acerca del mundo y de lo que está sucediendo alrededor. Sin embargo, existen otros puntos de vista, en particular el de Aaron Beck, que coloca este mismo mecanismo pero a la inversa, declarando que los pensamientos depresivos son los que generan los sentimientos depresivos.

Esta teoría argumenta que el padecimiento depresivo consiste en un trastorno de las capacidades cognoscitivas, y no en un desequilibrio emocional. Sostiene que las personas depresivas interpretan todas sus experiencias desde un punto de vista negativo, tendiendo a exagerar los problemas y las dificultades; considerándose a sí mismos como personas desvalidas, apreciando el futuro de una manera negativa y pesimista. En otras palabras, parece que las personas depresivas tienen una deformación en su manera de pensar que les impide ver las cosas en una sana perspectiva.

Causas físicas

Enfermedad

Se cree que algunas enfermedades físicas son la causa de la depresión. Algunas de éstas son desórdenes hormonales que incluyen el *síndrome de Cushing* y el *mixedema*. Algunos tipos de cáncer, como el que ataca los intestinos y el estómago, pueden iniciarse acompañados de la depresión. El saber que se tiene cáncer de seno puede actuar como el detonador para que dé comienzo la depresión. También en los casos de enfermedades crónicas deshabilitantes como la artritis, la diseminación de la esclerosis y el mal de Parkinson, son padecimientos que conducen a la depresión.

La depresión también puede aparecer después de ciertas infecciones virales como la gripa, o fiebres glandulares que comúnmente ocurren como uno de los síntomas de la *encefalopatía mialgica*.

Depresión postoperatoria

Se cree que en las personas que se están recuperando de los efectos de una cirugía, sobretodo de cirugías mayores, existe una creciente tendencia a desarrollar la depresión.

Parto

Sobre este punto se ha hablado en el capítulo 1, en el apartado "Qué es la depresión".

Fármacos y tratamiento médico

Algunos casos de depresión parecen ser causados por los fármacos que se usan como medicamentos; éstos incluyen algunos que sirven para reducir la presión sanguínea alta, algunos otros que se toman para tratar el cáncer, para controlar la epilepsia y para contrarrestar las alergias. Los esteroides también pueden provocar reacciones depresivas, así como otros fármacos que se toman para curar el insomnio y las que se utilizan para tratar la enfermedad de Parkinson.

La radioterapia, usada como tratamiento contra el cáncer, también es considerada como un elemento capaz de causar depresión.

Los estados maníacos también pueden originarse debido a la ingestión de fármacos; éstos incluyen las anfetaminas, la cocaína y el extracto de tiroides. El tratamiento con antidepresivos también puede causar manía, especialmente cuando se toma en dosis excesivas.

Deficiencia mineral y vitamínica.

La falta de algunos minerales, especialmente el potasio, el calcio, el sodio y el zinc, han sido asociadas con la depresión, así como también la falta de vitamina B12.

¿Abuso del alcohol como causa de la depresión?

Es muy común encontrarnos con que las personas que abusan del alcohol estén padeciendo depresión. Lo que no está claro es si es el alcohol causa depresión o si la depresión lleve a las personas a buscar un alivio mediante la ingesta indiscriminada del alcohol. Es cierto que el alcohol es un depresivo, pero esto no aclara la situación. Sin embargo, un reciente estudio realizado en los Estados Unidos sugiere que es la depresión la que ocasiona el abuso del alcohol y no viceversa.

Cambio de estaciones

En algunos casos de depresión, el padecimiento se manifiesta en los meses de invierno. Este tipo de depresión puede ser de ligera a aguda. Nadie puede negar que muchos de nosotros nos sentimos más abatidos en los días oscuros de invierno que en los soleados días de verano. Esta depresión, que puede ser detonada por los meses invernales o exacerbada por ellos, se le conoce con el nombre de "Desorden Afectivo de Estación", del cual ya hemos hecho mención en el capítulo 1.

Causas Bioquímicas

Algunos científicos piensan que la depresión puede atribuirse, por lo menos en parte, a un defecto relacionado con el balance químico de los neurotransmisores en el cerebro. Este punto es discutido por Colin Blakemore en *El mecanismo de la mente*:

"Los neurotransmisores son sustancias químicas que son liberadas en pequeñas cantidades por los extremos de las fibras nerviosas, como respuesta al arribo de un impulso nervioso. Estos impulsos nerviosos o mensajes son transferidos de una neurona o célula nerviosa hacia otra, y el funcionamiento del cerebro depende de esta comunicación entre ellas".

Puesto en términos más sencillos, se sugiere que la depresión puede ser ocasionada como resultado de una baja en la capacidad de la neurotransmisión, y que los episodios maníacos se deben a una sobrecarga en la transmisión de mensajes a nivel de las neuronas.

Específicamente se dice que la depresión se genera a partir de una baja producción de las sustancias químicas llamadas *serotonina* y *noradrenalina*, y la tendencia a una sobreproducción de las mismas, pero especialmente de la noradrenalina.

Sin embargo, Anthony Clare, en su libro *Depresión y cómo sobrevivir a ella*, expresa sus reservas en cuanto a la teoría de la neurotransmisión sobre la depresión y comenta lo siguiente:

"La evidencia que apoya dicha teoría es elusiva y extremadamente insustancial, pues aún no hemos comprendido las bases de la depresión y la manía".

A pesar de su comentario, Clare señala que las investigaciones enfocadas a encontrar las causas bioquímicas en la depresión han arrojado beneficios que han proporcionado las bases del desarrollo de los fármacos antidepresivos.

En *Cómo curar la depresión,* Harold Bloomfield y Peter McWilliams dan lugar a la pregunta de si es un desequilibrio bioquímico en el cerebro lo que genera los pensamientos negativos que constituyen una parte central de la depresión; y si es así, ¿qué es lo que ocurre primero?; es decir, si es que son los pensamientos negativos los que causan una deficiencia en los neurotransmisores, o es el desequilibrio de éstos lo que ocasiona los pensamientos negativos.

La respuesta que nos dan es que no importa lo que la ocasione, en tanto que los medicamentos antidepresivos ayudan a restaurar el balance apropiado de neurotransmisores en el cerebro, además de estar tomando una terapia adecuada paralelamente.

El hecho de que ciertos fármacos han resultado ser eficientes para curar la depresión, hace que muchas personas crean que debe haber alguna conexión entre la química del cerebro y la depresión, a pesar de que aún no sabemos lo suficiente acerca de esta potencial conexión.

Causas genéticas

Por mucho tiempo se ha tenido la creencia de que la depresión es un mal hereditario que se manifiesta a lo largo de las generaciones. El escritor y lexicólogo, Samuel Johnson, quien sufrió de depresión, escribió:

> "Yo heredé una infame melancolía por parte de mi padre, la cual me ha vuelto loco toda mi vida".

En los años sesenta, estudios sobre historias familiares dieron a conocer que si de un par de gemelos idénticos, uno de ellos sufría de depresión, había un 50% de posibilidades de que el otro también sufriera la misma enfermedad, incluso cuando esos gemelos hubieran sido adoptados y criados de manera separada en diferentes ambientes. Desde entonces, se han hecho esfuerzos por establecer el factor genético en la depresión.

La mayor parte de los estudios ha encontrado que los parientes de las personas que han sufrido depresión unipolar tienen una evidente tendencia a desarrollar este tipo de padecimiento, en comparación al resto de la gente. La incidencia del padecimiento dentro de una misma familia parece estar ligada en mayor escala con la depresión bipolar o el padecimiento maníaco-depresivo; y los descendientes de las personas que han sufrido de depresión bipolar tienen un alto riesgo de padecer tanto depresión unipolar como bipolar.

Muy recientemente, los científicos han declarado que existen pruebas que indican que una falla genética puede hacer a las personas más susceptibles a la depresión. Se piensa que una de cada diez personas que sufren depresión, portan el defecto genético que interfiere con el desempeño normal del cerebro.

Las investigaciones han revelado que la falla ocurre en un gen conocido como SERT (transportador de serotonina), el cual juega un rol importante en la transmisión de las señales entre las neuronas en el cerebro. Los científicos que estudian parte de este gen, encontraron diferencias entre los genes de las personas que sufren depresión y los genes de personas sin el padecimiento.

Hasta ahora, los científicos no han logrado descubrir cómo es que la variación en el gen lleva a la depresión, así que nuevas investigaciones se están haciendo para tratar de establecer la naturaleza del vínculo. Han sido identificados reducidos niveles de serotonina en el cerebro de personas que sufren depresión, es por eso que algunos fármacos antidepresivos, como el *Prozac*, trabajan incrementando precisamente los niveles de serotonina.

La fundamentación de las causas genéticas de la depresión está apenas en su primera etapa, y no debemos olvidar que las personas que están afectadas, comúnmente comparten el mismo ambiente, así como los mismos patrones genéticos.

Capítulo 5

TRATAMIENTO DE LA DEPRESIÓN

Cuando la enfermedad cursa sin un tratamiento

El tratamiento de la depresión, y qué tan efectivo pueda ser, dependerá hasta cierto punto de la naturaleza y la severidad de la depresión en cuestión. Para esto, es importante considerar que algunos ataques o episodios de depresión, aun cuando se trate de eventos severos, parecen diluirse después de un periodo de tiempo, por lo que creemos que las personas podrán curarse por sí mismas.

No se debe contemplar la idea de evitar un tratamiento adecuado cuando aparece la depresión. Por un lado, un episodio de depresión mayor puede durar varios meses, y durante todo este tiempo el individuo depresivo tendrá que soportar una gran tristeza y desesperación. Por otro lado, si no se recibe tratamiento, la probabilidad de que esta depresión sea recurrente es mucho mayor.

En el libro *Cómo curar la depresión,* los doctores Harold Bloomfield y Peter McWilliams nos dicen que si no se lleva un tratamiento, la mitad de las personas que han tenido un episodio depresivo mayor, recaerán, y que después de dos episodios, las probabilidades de tener un tercero serán todavía mayores. También señalan que si se maneja sin tratamiento una depresión crónica de alto grado puede durar muchos años, incluso a lo largo de toda la vida.

En el caso de manía depresiva, comentan que el padecimiento simplemente va empeorando cada vez más si no se toman medidas terapéuticas, se da paso a que ambas fases de la enfermedad se exacerben y que los cambios de la manía a la depresión, y viceversa, se presenten repentinamente y con mayor frecuencia.

En busca de ayuda

Desafortunadamente, es muy común que los amigos, los parientes y los compañeros de trabajo se animen a disuadir a las personas depresivas de no buscar ayuda y someterse a un tratamiento. Esto sucede, en parte, porque ellos no comprenden la situación por la que está atravesando la persona, por lo que le aconsejan que no se deje llevar por la adversidad y los conminan a tratar de sacudirse esa tristeza.

En lugar de sugerir a la persona depresiva que busque ayuda y se comprometa con un tratamiento adecuado para su enfermedad, muchos amigos, parientes y colegas optan por decirles que "¡deben animarse!". Estas actitudes obedecen no sólo a la falta de conocimiento respecto a la depresión, sino por el miedo que despierta el hecho de una enfermedad mental, o la preocupación acerca del estigma que se ha ligado a ésta.

La actitud de las personas que rodean al individuo que padece la depresión le resta la energía que requiere para tomar la decisión de hacer una cita con un médico para buscar el consejo especializado. Las personas depresivas necesitan de todo el apoyo posible que las anime a buscar ayuda, sobre todo si han alcanzado un estado profundo.

Si el padecimiento llega a una etapa avanzada, las personas que la padecen pueden estar viviendo formas de desesperación tal que les impida comprender que su enfermedad pueda ser tratada por un especialista. Ellos simplemente creen que nadie puede ayudarles, o que nada podrá mejorar su situación. De permanecer con esta actitud, la depresión los llevará a generar pensamientos suicidas, y es muy posible que a intentarlo en la realidad.

Es de vital importancia para el público en general estar al tanto de todo lo que conlleva la depresión para poder reconocerla cuando se presente y saber cómo se puede ayudar a las personas que la padecen. Si la educación del público tiene éxito, entonces los amigos, los parientes y los colegas de las personas que muestren signos de depresión, sabrán que será necesario tomar algún tratamiento.

Tenemos la esperanza de que las personas también reconozcan la importancia de que la depresión es tan sólo una enfermedad como cualquier otra. Todos debemos comprender que la depresión no es distinta a una pierna rota, excepto porque ésta se presenta inmediatamente obvia para el resto de las personas por sus síntomas físicos, perfectamente observables.

La importancia de hablar

La mayoría de las personas a las que he entrevistado sobre el tema han enfatizado la importancia de contar con alguien con quién hablar, tanto para los que han pasado por la depresión, los parientes o amigos de individuos depresivos, como también aquellos que están en tratamiento. Gran cantidad de libros referentes a este tema le dan mucha importancia a la necesidad que tienen las personas depresivas de hablar con alguien.

Este "tener con quién hablar", en casos avanzados de depresión, bien puede ser una práctica común para los médicos generales, los psiquiatras, los psicoterapeutas o los consejeros; pero es importante que las personas depresivas cuenten con alguien con quien hablar a un nivel menos formal. Si los amigos y los parientes se toman el tiempo de tener conversaciones regulares con alguien que está deprimido, o con alguien que está al borde de una depresión, se podrá prevenir que la enfermedad los lleve a estados depresivos mayores o incluso que ésta emerja.

Un llamado a los amigos y a los familiares

El folleto publicado por el *Royal College of Psychiatrists*, en conjunto con el *Royal College of General Practitioners*, sobre la depresión, subraya la importancia de que las personas convivan con alguien que está sufriendo de depresión, o con quien ellos sospechan que podría estar desarrollándola. También recalca la importancia de saber escuchar y demostrar paciencia frente a alguien que está pasando por esta enfermedad. Quienes la padecen pueden parecer obsesionados con sus problemas, por lo que será muy fácil para los amigos o familiares dejar de escucharlos pensando que eso mismo lo han oído miles de veces.

En el libro *Dealing with Depression*, (1984) (Manejando la depresión), los autores Gerrilyn Smith y Kathy Nairne, realzan la importancia de que la persona depresiva cuente con alguien con quien compartir sus preocupaciones, con el fin de evitar sentirse cada vez más aislada. Ellos nos dicen que el hablar con alguien puede no resolver ninguno de sus problemas, pero si hará que la persona depresiva se dé cuenta más claramente de lo que anda mal.

Para demostrar la importancia de este hecho, Smith y Nairne citan a una persona que sufrió depresión y cómo es que ella definió la importancia de tener a alguien cerca que escuchara sus problemas:

"Mis amigos fueron de gran ayuda por el simple hecho de que estaban ahí. Ellos fueron un gran apoyo y estaban dispuestos a permitirme expresarles mi rabia una y otra vez".

Una conocida mía que sufrió de una severa depresión me comentaba que antes de que se diagnosticara su padecimiento sintió una gran necesidad de comunicarse con toda la gente, pues de otra manera, creía que caería en el olvido. Años más tarde, después de su ataque depresivo, ella aún se recuerda diciéndole a las enfermeras en el hospital donde fue internada, que necesitaba estar hablando constantemente con ellas, para no perder el contacto con la realidad y seguir en este mundo.

Smith y Nairne abordan directamente el punto de la necesidad de las personas depresivas de hablar con alguien, y se dirigen a ellos diciéndoles:

"El asunto es que cuando ustedes están deprimidos, necesitan hablarlo con el fin de sobrevivir. Es muy importante que cubran esa necesidad".

Ellos enfatizan la necesidad de persistencia por parte de la persona depresiva para encontrar a alguien que los escuche, preferentemente, alguien que comprenda la necesidad e importancia de comunicarse.

"Necesitan seguir intentándolo hasta que alguien los escuche. No permitan que alguien los anteponga a sus negocios; si esto sucede, busquen a otra persona".

El problema que se presenta en el segundo consejo de Smith y Nairne es que pareciera que depende en gran medida de la persistencia de la persona depresiva para encontrar al interlocutor adecuado, pero no se toma en consideración que el afectado pueda no contar con la energía que supone tal búsqueda. Por lo tanto, la sugerencia de estos autores sería aplicable a personas que están cursando las primeras etapas de la depresión, antes de que la fatiga los haya minado, o para aquellos que ya han sufrido de una depresión y que conocen sus síntomas.

Parece ser más apropiado el intentar hacernos conscientes de la sintomatología y los peligros potenciales de la depresión para poder identificarla si alguno de nuestros conocidos se ve afectado por la enfermedad.

El folleto sobre depresión al que hemos aludido, también comenta la importancia de que los amigos y los familiares de las personas que están sufriendo depresión, los tranquilicen, diciéndoles que ellos van a salir adelante. Se enfatiza el que estas palabras de aliento deben repetirse muchas veces, porque las personas afectadas tienden a dudar y a preocuparse excesivamente debido a la propia naturaleza del padecimiento. Para que los familiares y amigos puedan hacer llegar el mensaje tranquilizador mediante múltiples ocasiones, deberán mantener los canales de comunicación abiertos.

Otro asunto importante que se menciona en el folleto, en relación a mantenerse en contacto con la persona depresiva, es la posibilidad de que los enfermos puedan empeorar y comenzar a despreciar la vida, al grado de intentar suicidarse. Si la persona afectada está teniendo pensamientos negativos de esta naturaleza, será importante que se los comunique a otra persona, en vez de que se los guarde para sí misma.

También será importante que las personas que rodean a los depresivos tomen seriamente en cuenta las declaraciones que éstos últimos hagan, tales como "no tiene caso seguir viviendo", o que mencionen el suicidio. Creer viejos mitos acerca de que la gente que habla de suicidio nunca lo lleva cabo está muy lejos de ser verdad. En lugar de responder con esta actitud, se debe hacer todo lo posible para que la persona que ha hablado de la posibilidad de suicido, considere el mirar hacia las cosas más positivas de la vida. Y aún más importante será el asegurarse de que el médico de la persona depresiva esté al tanto de los pensamientos suicidas de su paciente, en el caso de que esté en tratamiento. Si la persona depresiva aún no ha consultado a un médico, será literalmente asunto de vida o muerte que lo haga lo más pronto posible, quedando en manos de la personas que han escuchado de primera mano estos pensamientos suicidas el hacer algo al respecto.

Hablar con alguien que haya pasado por lo mismo

Resulta muy valioso para aquellos que están sufriendo de depresión tener la oportunidad de hablar con alguien que haya padecido la depresión y que se haya recuperado de ella. De hecho, muchos de nosotros figuramos entre los que la han padecido, sin que por ello se enterara nuestra familia, nuestros amigos y conocidos.

Esta falta de conocimiento se puede deber a varias razones, ya sea que no conocíamos a la persona en el momento en que pasó por la depresión, tal vez no éramos muy cercanos a ella durante ese desafortunado periodo; tal vez quien la padeció está tan reconfortado con haber salido de ella que no habla al respecto nunca más, o el estigma que se suele ligar a la enfermedad depresiva los previene de hablar abiertamente sobre el asunto.

Lamentablemente, muchas personas que atraviesan por un periodo depresivo desconocen el hecho de que gente muy cercana a ellas han pasado por lo mismo.

Yo tuve la oportunidad de platicar con dos personas que sufrieron depresión y que afortunadamente encontraron en ese momento a otros que anteriormente la habían padecido, lo que resultó ser una inmensa ayuda.

En uno de los casos, el amigo de la persona depresiva conocía y tenía amistad con una antigua vecina de la primera. Él sabía que la vecina había padecido una depresión hacía varios años. Aunque la mujer que actualmente estaba cursando con la enfermedad depresiva no conocía a la exvecina, el amigo mutuo arregló una cita entre ellas dos. La que había salido adelante de la depresión urgió a la que se encontraba en el proceso a buscar ayuda médica cuanto antes; y conociendo lo cruel y amarga que es la experiencia por la que personalmente había tenido que pasar, se ofreció a acompañar a la otra mujer a la oficina de un psiquiatra, acción que era necesaria dada la severidad de la depresión que padecía.

En otro caso, una mujer que estaba sufriendo de una depresión muy severa fue hospitalizada. Ella se encontraba totalmente incapaz de aceptar cualquier clase de consejos o de palabras que la reanimaran; se negaba a creer que se repondría. Era periodista y una colega suya fue a visitarla; durante su estancia fue capaz de describirle cómo se había sentido cuando pasó por una etapa depresiva y cómo fue que se recuperó años atrás, al grado de sentirse perfectamente bien.

En esos momentos, la mujer que sufría de depresión no logró animarse de inmediato, y de hecho, tuvo grandes dificultades para concentrarse en lo que le estaba diciendo su colega, dada la etapa depresiva en la que estaba inmersa; sin embargo, sí pudo decir después de su recuperación, que logró reanimarse bajo el efecto de los medicamentos y fue de gran ayuda para ella el saber que alguien, que había descrito exactamente por lo que ella estaba pasando, había logrado superarlo y, de hecho, su vida funcionaba perfectamente bien y era feliz.

Esta mujer había llegado al punto de asumir que no sería capaz de trabajar nuevamente, puesto que se daba cuenta de que no podía concentrarse ni siquiera lo suficiente para leer una sencilla oración. El escuchar a alguien que ella conocía, que había contraído la misma enfermedad, y que además trabajaba en un ambiente similar al suyo, justamente cuando ella había alcanzado una etapa tan severa de depresión, fue una enorme ayuda, particularmente durante los inicios de la recuperación de su enfermedad.

Es muy importante hablar con las personas que están deprimidas, sin importar en qué etapa de su padecimiento se encuentren. Los amigos y los familiares no deben dejar de animarlos a hablar con ellos, aunque el afectado ya esté recibiendo ayuda profesional. El papel que los amigos interlocutores juegan sigue siendo parte importante de la recuperación de la persona depresiva.

Como se ha mencionado anteriormente en este capítulo, las personas que están justo en el borde del estado mental que les ocasionaría una depresión, podrían evitar, expresando su estado de ánimo a personas allegadas, la sensación de golpe mortal que trae consigo la enfermedad. Ahora bien, si el padecimiento ya ha llegado a manifestarse, la comunicación se vuelve igual de importante, especialmente como manera de persuadir a la persona depresiva para que busque ayuda profesional y se someta a un tratamiento, o bien, para inculcarles esperanza. Ahora bien, en la etapa de recuperación la comunicación sirve para convencerlos de que ellos saldrán de esto y se sentirán completamente bien.

La comunicación con los profesionales

Aun contando con el mejor esfuerzo de la familia y los amigos, es común que las personas depresivas requieran ayuda profesional; estas sesiones se convierten en una especie de charla.

Anthony Clare, en su libro ya citado, hace énfasis en las dificultades que la familia y los amigos tienen que enfrentar cuando se encuentran personal y emocionalmente atrapados en la situación desesperante de la persona depresiva; él nos dice que debe llegar un momento en que será más apropiado contar con las respuestas, observaciones y comentarios compasivos de un médico especialista, dado que las reacciones de las personas que están involucradas tal vez no sean las más adecuadas, pues no tienen la experiencia en el tratamiento, ni la habilidad que podría tener un consejero o un doctor para que el afectado aceptara el someterse a un tratamiento.

Clare otorga una gran importancia a "...recurrir a alguien que esté cerca, preparado para escuchar, dispuesto a dar apoyo, y en posibilidad de comprender sus circunstancias". Él piensa que con mucha frecuencia esto permite establecer con facilidad el compromiso de tomar un tratamiento y pronto se traduce en una mejoría para el paciente.

La consulta con el médico general

En primera instancia, la mayoría de las personas acuden a consulta con su médico de cabecera, ya sea que estén sufriendo de depresión o que estén padeciendo de algún trastorno que no pueden definir con un nombre, como es común en los casos de personas depresivas. Pero como se ha comentado en el capítulo 3, este tipo de médicos no siempre le ofrecen a estas personas la atención amistosa y comprensiva que tanto necesitan.

Las razones para que esto no se dé pueden ser variadas. La más común es que este tipo de médicos no cuentan con el tiempo, o dicen no tenerlo, pues, de hecho, todo el sistema o la estructura de la consulta a este nivel se basa en tomar un tiempo relativamente corto para revisar a cada paciente. Si alguno de estos médicos se tomara un tiempo inusualmente largo con un paciente en particular, esto crearía un caos en su control de consultas del día y obligaría a tener en la sala de espera a un número mayor de personas. La falta de tiempo de los médicos generales se convierte verdaderamente en un problema, siempre y cuando estemos hablando de una directiva médica digna de confianza, como lo señala Anthony Clare, "...muchos se abren el tiempo necesario y como consecuencia de ello encuentran una manera más efectiva de lidiar con los disturbios emocionales".

Otra razón por la que los médicos generales no siempre proveen a las personas depresivas de un ambiente propicio para hablar, es que no todos los médicos están dotados de excelentes habilidades para comunicarse. En nuestros días, estas habilidades son altamente valoradas y su importancia en el entrenamiento médico no es la excepción. El problema es que hasta hace muy poco se le dio la relevancia que tiene actualmente, y muchos médicos practicantes de hoy han sido capacitados antes de que esta nueva conciencia de la capacidad de comunicación hubiera cobrado tal importancia. Aunque sería en extremo injusto sugerir que todos los doctores titulados años atrás tienen una deficiente habilidad de comunicación. Muchos de ellos son muy buenos, pero este es un factor de suma importancia que los parientes y los amigos deben considerar, sobretodo si observan que la persona depresiva parece no hacer grandes progresos durante las consultas con su médico familiar.

El rol del médico familiar actuando como un buen escucha se ve obstaculizado, dado que la persona depresiva no está muy dispuesta a comportarse en forma muy comunicativa y compartir sus pensamientos con alguien que no es un amigo, y peor aún cuando la situación se vuelve formal, se cuenta con poco tiempo e interviene una figura de autoridad. En algunas circunstancias, puede dificultarse que la persona depresiva hable, más aún si se trata de casos de depresión severa, y sobretodo cuando el afectado no puede manifestar sus pensamientos o emociones de manera coherente.

El folleto que habla sobre la depresión indica, en la sección dedicada al tratamiento, que la comunicación puede ser de gran ayuda. Sin embargo, enfatiza la dificultad que tienen muchas personas en este estado para pensar en "el hablar" como una forma de terapia. Su mismo padecimiento les priva de la energía para lograrlo, y su interés para llevarlo a cabo "...ya que el analizar y confrontar las posibles razones de su mal les demanda energía, existen grandes dificultades de lograrlo mientras la depresión aún sea severa".

Como se ha mencionado en el capítulo 3, en el apartado "Dificultades de diagnóstico", existen por lo menos otras dos barreras que imposibilitan a los médicos generales para entender el problema y para jugar el rol de buenos escuchas frente a alguien que está sufriendo de depresión. Una de ellas es el hecho de que algunos médicos familiares se inclinan a diagnosticar una enfermedad puramente física, en vez de elaborar un diagnóstico sobre un padecimiento psicológico o mental. La segunda barrera consiste en que a pesar de los esfuerzos realizados, existe todavía un enorme peso de estigma relacionado con la enfermedad mental en general, incluyendo a la depresión.

Agencias especiales y grupos de autoayuda

El folleto citado sugiere en su sección sobre tratamiento que si la depresión que alguien esté sufriendo se encuentra relacionada con un problema específico, entonces esa persona debe pensar en consultar a una agencia especializada. Por ejemplo, si la depresión parece deberse a la ruptura del matrimonio o la relación de pareja, entonces la persona que está padeciendo depresión puede encontrar de gran ayuda el consultar a un profesional en relaciones de pareja. El tipo de ayuda que esas personas proporcionan son útiles, siempre y cuando se trate de depresiones ligeras, y en los casos en donde el detonante de la depresión esté presente, pero como ya se dijo, sólo si no se ha llegado a la etapa depresiva severa, donde se experimenta un tipo de ruptura a nivel emocional.

Otra alternativa posible que sugiere el folleto es que las persona depresiva asista a un grupo de autoayuda. Este tipo de grupos se han vuelto cada vez más comunes, y consisten en un conjunto de personas que se reúnen porque tienen, o han tenido, problemas similares. Estas personas no son profesionales, pero tampoco lo son los familiares y el círculo de amigos de las personas afectadas.

La idea es que las personas que han vivido ya esa situación, y han salido adelante, son las más indicadas para ayudar a las personas que tienen un problema en particular, o a las personas que están sufriendo de un desorden determinado. Lo que se sugiere es que se trata de un camino informal, pero valioso, para que las personas trabajen sus problemas dentro de un ambiente amigable y comprensivo.

Este tipo de grupos cubren un amplio rango de problemas y desórdenes. Por ejemplo, existen grupos de personas que han tenido la experiencia de haber dado a luz un niño muerto, otros que han tenido cáncer de mama, comedores compulsivos, otros grupos que tratan varias formas de adicción, etc. El grupo más famoso, y que ha sido el predecesor de los otros, es Alcohólicos Anónimos, mejor conocido como AA, el cual fue creado para ayudar a las personas dependientes del alcohol y que querían romper el hábito.

Muchas personas que han asistido a grupos como éstos, han encontrado una ayuda invaluable. Los grupos de autoayuda son relevantes cuando la persona ha sufrido un hecho traumático en su vida, lo que tiene el potencial de funcionar como un detonador para la depresión. En estos casos, el asistir a grupos donde puedan sentirse identificados con personas que han pasado por experiencias similares puede evitar que la condición se manifieste.

Es muy probable que las personas que hayan sufrido a causa de un hecho traumático en sus vidas, ya hayan recibido ayuda de alguien, como un amigo, un familiar, un sacerdote o una trabajadora social, invitándolos a tomar la decisión de unirse a un grupo, localizando alguno propicio y tomándose el trabajo de animarlos no sólo a ir, sino también a involucrarse con el grupo y ayudar a otros.

Hasta donde se sabe, los grupos de autoayuda para personas depresivas no resultan eficaces en el caso de personas que están completamente inmersas en ese estado por primera vez, aunque el padecimiento esté en sus etapas iniciales. En este punto, los que la sufren por primera vez no tienen idea de qué es lo que anda mal, y por lo tanto, no saben qué hacer. Por esto decimos que los grupos de autoayuda comienzan a tomarse en cuenta cuando las personas han estado sufriendo de ataques de depresión con regularidad o que se encuentran en la etapa de recuperación.

Las personas que padecen de eventos depresivos habituales se sienten reconfortadas al saber que no están solas. Ellas también valoran el tener el apoyo de personas que saben exactamente lo que se siente estar atrapado en estos estados depresivos.

Para las personas que se encuentran en etapa de recuperación, asistir a un grupo de autoayuda significa descubrir que pueden tener la firme convicción de que su recuperación será completa, pues están escuchando experiencias de primera mano de personas que la han padecido, y consideran estos comentarios más importantes de lo que pudieran ser aquellos de los médicos especialistas, o sus bien intencionados pero desinformados amigos. Los contratiempos que se experimentan durante las fases de recuperación de la depresión no son desconocidos, y los grupos de autoayuda pueden representar un apoyo excepcional en estos momentos, así como también en fases anteriores a la recuperación.

Consejería

Es común que en nuestros días las personas que necesitan hablar y requieren ayuda para hacerle frente a una situación en particular de sus vidas o a un problema determinado, busquen la ayuda de un consejero.

La consejería es una forma de terapia relativamente nueva, y ha tenido un desarrollo enorme durante la pasada década.

En el libro *Manejando la depresión*, los autores Gerrilyn Smith y Kathy Nairne, describen el papel del consejero:

> "El rol de un consejero es escuchar y tratar de comprender lo que usted está sintiendo y lo que está tratando de decir. Después de esto, el consejero le dirá qué es lo que ha interpretado de la conversación, de manera que usted sepa que él ha comprendido el asunto, sin juicios y sin posiciones de autoridad".

Muchas personas que están sufriendo depresión, o cualquier otro tipo de problemas o trastornos, encuentran que la consejería es la mejor terapia para ellos, siempre y cuando su condición no sea muy severa. Ellos tienen la sensación de que pueden hablar sobre sus problemas y recibir apoyo emocional, sin estar sujetos a los requerimientos que otro tipo de terapias necesitan. Por ejemplo, ellos no tienen la obligación de trabajar con su interior para comprenderse a sí mismos, labor que se les anima a llevar a cabo en algunos tipos de psicoterapia.

Es posible que la ventaja más importante que las personas le concedan a la consejería sea que este tipo de terapia les permite conservar cierto control sobre las actitudes del terapeuta, siendo que las otras les parecen en cierta forma amenazadoras. Es importante hacer notar que la consejería se considera la forma de terapia menos intrusiva.

El punto central de la consejería es que es extremadamente importante que la persona que está buscando ayuda, sea cual sea su problema o trastorno, debe sentirse totalmente cómodo con su consejero. Si éste no fuera el caso, entonces la consejería será un fracaso, y una consejería poco exitosa es probablemente peor que si no se hubiera tomado.

De hecho, existe un gran número de consejeros actualmente, y a diferencia de los médicos, en la mayoría de los países estas personas no requieren un título profesional o una licencia oficial. Hay muchos cursos de entrenamiento para esta clase de actividad, pero fundamentalmente se trata de una función humanística, por lo que no es el caso encontrar el nivel de preparación, sino la calidad de relación afectiva.

Algunos centros de salud cuentan ahora con un consejero en sus instalaciones como parte de los servicios que proveen. De manera alternativa, ellos pueden dar información sobre los consejeros locales acreditados.

Una forma adecuada de encontrar un consejero podría ser por medio de una recomendación personal, de alguien que anteriormente ha utilizado sus servicios y haya quedado satisfecho. Aunque este camino no siempre funciona.

Yo tengo una amiga que se mostraba en extremo entusiasta acerca de un consejero con el que tuvo varias sesiones durante el curso del tratamiento de su depresión. Al saber que una de sus amigas estaba sufriendo la misma enfermedad, no dudó en recomendarle a su consejero; desafortunadamente, esta amiga no pudo entenderse con él, quizá porque ella tenía una personalidad totalmente diferente a la que tenía mi amiga; en el caso de la consejería es preciso que se logre una alto grado de empatía.

Las personas depresivas necesitan ayuda para encontrar al consejero ideal. Como ya se indicó anteriormente, la propia naturaleza del padecimiento les resta energía y motivación, por lo que será necesaria nuestra ayuda para animarlos y persuadirlos a que encuentren la ayuda que necesitan de parte de un consejero. Pero también necesitarán a la vez ayuda para recuperarse si han tenido una mala experiencia en su consulta de consejería, ya que todas sus malas experiencias pueden confirmar en ellos la sensación de fracaso, que ellos ya están viviendo como producto de su enfermedad.

Psicoterapia

Anthony Clare, en su citado libro, divide en tres grupos los diferentes tipos de psicoterapia: *la psicoterapia de apoyo, la psicoterapia reeducativa y la psicoterapia reconstructiva.*

Psicoterapia de apoyo

Este tipo de terapia tiene como objetivo llevar al paciente hasta lograr su mejor funcionamiento posible, tanto en lo social como en lo psicológico, encarando cualquier padecimiento incapacitante como la depresión. Ayuda al paciente a elevar su autoestima y su confianza en sí mismo.

Este tipo de terapia, en ocasiones, también se usa como preventiva, ayudando a las personas a manejar aquellos eventos en su vida que puedan considerarse como detonadores de una depresión o de otra enfermedad psicológica, y algunas veces, cuando éstas aún se encuentran en una etapa anterior. Por ejemplo, aquellas personas cuya pareja tiene una enfermedad terminal deben seguir una terapia de apoyo para soportar emocionalmente lo que esto significa.

Ésta puede incluir sesiones en donde se hable sobre los sentimientos y pensamientos que estará viviendo la persona cuando se presente el desenlace final, como por ejemplo, las emociones que se desatan durante el duelo por su ser querido. Este tipo de terapia ayuda a la persona a anticiparse a las dificultades. La persona que se encuentra tomando este tipo de terapia es animada a expresar sus emociones libremente, y a que piense y hable acerca del sentido que le dará a su vida cuando el evento ocurra. Estos esfuerzos se hacen para minimizar o aliviar en lo posible el sufrimiento que la persona tendrá que encarar durante el próximo desenlace.

La terapia de apoyo puede ser de gran importancia en la depresión. Se tiene la esperanza de que sea útil para evitar que se genere este padecimiento en personas que se sabe que la han sufrido o que se piensa son vulnerables a ésta por sus antecedentes, es decir, que exista una fuerte historia de depresión en su familia. Cuando se termine con las investigaciones que tratan de demostrar el vínculo entre la depresión y una condición genética, este tipo de terapia podrá ser valiosa para las personas que tienen una tendencia hereditaria hacia la depresión.

También es importante esta terapia para las personas que están recibiendo otras formas de tratamiento, como por ejemplo, los antidepresivos, que por lo general tardan unas tres semanas en comenzar a surtir efecto. La terapia de apoyo durante este intervalo de tiempo es muy útil para que la persona depresiva pueda salir adelante.

Terapia reeducacional

Como el nombre lo indica, esta forma de terapia implica la reeducación de la persona en cuanto a su comportamiento y su manera de ver las cosas. El tipo de terapia reeducativa más común en esos momentos es la "terapia cognoscitiva".

Las personas que están padeciendo depresión muestran un índice exageradamente bajo en su autoestima y piensan que no valen nada. También tienen una marcada tendencia a culparse por todo, incluso por aquellas cosas que están fuera de su control; y por si esto fuera poco, conciben el mundo a través de un marco pesimista y de desesperanza. Estas percepciones son, por lo general, totalmente contrastantes con la manera en que el individuo veía y sentía el mundo antes de que contrajera la depresión. El hecho de que ellos ahora se conciban a sí mismos y a lo que les rodea de una manera triste y pesimista, nos indica que su pensamiento está desvirtuado de alguna manera y que su manera de ver la realidad está prejuiciada.

No está claro si una actitud sistemática de pensamientos negativos sean los síntomas de la depresión, o si los pensamientos pesimistas son los que crean la depresión, aunque por ahora se cree que la primera aseveración es la correcta.

El fundador de lo que se ha dado en llamar "terapia cognoscitiva" es Aaron Beck, quien dirigió sus esfuerzos para arreglar esta deformada y pesimista manera de pensar. Su meta es romper el ciclo repetitivo de pensamientos negativos que son tan característicos en la depresión.

La palabra "cognoscitiva" se refiere a cómo es que nosotros percibimos y pensamos. La manera en que percibimos el mundo dicta la manera en que nosotros respondemos a él. Si nuestra percepción del mundo es negativa y pesimista, entonces nuestros pensamientos y nuestras acciones serán correlativamente negativas y pesimistas. La terapia cognoscitiva trata de identificar las deformaciones en las percepciones de una persona y le ayuda a corregirlas.

Esta terapia intenta que la persona depresiva se permita ver las cosas como realmente son, en vez de verlas a través de un cristal oscuro todo el tiempo; y no tiene como propósito darle a esta persona un punto de vista excesivamente alegre y optimista del mundo.

Obviamente, la terapia cognoscitiva no representa una cura instantánea para la depresión. Se trata de un proceso lento que toma varias sesiones durante algunos meses; por lo regular, cerca de tres, ya que nadie puede lograr que alguien cambie su esquema de ver las cosas en un periodo corto.

Ahora se piensa que la terapia cognoscitiva puede ser un tratamiento efectivo para la depresión unipolar, cuando se le identifica entre en el rango de media a moderadamente severa. No se han encontrado grandes efectos en los casos de pacientes con depresión severa, a menos que los síntomas sean parcialmente estabilizados por algún otro medio, que por lo general es la medicación. Tampoco se han visto resultados efectivos en los tratamientos de depresión maníaca o "desorden afectivo bipolar", como se conoce técnicamente.

Psicoterapia reconstructiva

Este tipo de terapia ahonda mucho más que la terapia reeducativa y tiene como finalidad llegar a la raíz, considerada la causa que desencadena lo que la persona está sintiendo. El tipo de terapia más común es el psicoanálisis.

Aquí el terapeuta lleva a la persona hacia un análisis para expresar sus pensamientos, asociándolos libremente, dejándolos salir conforme vayan suscitándose, y luego los interpreta y los analiza. Esta forma de terapia está basada en las teorías de Sigmund Freud, acerca del proceso del inconsciente en la mente. El psicoanalista lleva a la persona a explorar su conciencia interna para encontrarse con experiencias tempranas, estudiando cómo fue que éstas pudieron afectarlo en su vida adulta.

Es el paciente el que lleva a cabo la mayor parte de la conversación, pero el rol del psicoanalista está plenamente justificado. Gran parte de la exploración del mundo interior de la persona, y cómo es que éste interactúa con sus experiencias en su mundo exterior, la exploración de lo que se cree son diferentes partes del ser, son canalizados a través de la relación entre el terapeuta y el paciente. Éste último transfiere los lazos emocionales que tiene o ha tenido en el pasado, digamos con un padre, por ejemplo, hacia el terapeuta; este proceso se conoce como transferencia.

El proceso del psicoanálisis es muy largo, y por lo tanto, muy caro. Con mucha frecuencia se recomiendan las sesiones regulares, que idealmente serían de una vez por semana, con una duración de 50 minutos cada una, aunque se han experimentado sesiones más cortas.

Algunos creen que el psicoanálisis no es particularmente efectivo como una forma de tratamiento para la depresión, pero la gran pregunta sobre la efectividad de esta u otra modalidad de psicoterapia como tratamiento para la depresión representa un debate polémico; en parte porque la prueba de efectividad de una terapia presenta una enorme dificultad en términos globales, dado el número de posibles variables asociadas con la prueba, como la personalidad y el entrenamiento del terapeuta, la variación de la técnica, y en el caso donde la terapia se está llevando a cabo, la personalidad del paciente, la severidad del padecimiento del individuo, el rol que juega el factor tiempo o la coincidencia de que el paciente se esté recuperando aparentemente a través de la terapia, etc... Por todo esto, es difícil poder dictaminar el éxito de cualquier tipo de terapia.

Terapia interpersonal

Esta es la forma más simple y de corto plazo de las psicoterapias. No se concentra en el pasado o en las improntas de la infancia, sino en el presente y las relaciones actuales. Hace énfasis en la habilidad para comunicarse y busca la forma de ir mejorando las relaciones de los pacientes depresivos con otras personas.

Desarrollada inicialmente por Myrna Weissman y Gerard Klerman, la psicoterapia interpersonal fue diseñada específicamente para tratar casos de depresión unipolar que iban de moderadas a severas. Su objetivo es ayudar a los pacientes a identificar, comprender y resolver las dificultades que ellos han encontrado cuando han tenido que hacerle frente a otras personas, y en la forma de relacionarse con los demás.

Anthony Clare, en su libro *Depresión y cómo sobrevivir a ella*, resume sus hallazgos en lo relativo a los méritos de las distintas formas de psicoterapia:

"La psicoterapia es útil en casos de depresión severa sólo si se combina con la medicación antidepresiva. Los tipos de terapia cognoscitiva, de psicoterapia, y las que se basan en la realidad, como las terapias interpersonales, parecen superiores al psicoanálisis, o la terapia psicoanalítica necesariamente deriva en formas de análisis basado en las relaciones actuales".

Psiquiatría

De todas las cosas que se discuten informalmente en familia, el tema de la psiquiatría está al final de la lista. Esta terapia no solo involucra crear un vínculo de comunicación, sino que también incluye el uso de medicamentos.

Las personas son referidas al psiquiatra a través de su médico familiar, sobretodo cuando no están seguros acerca del diagnóstico de su paciente, quien parece estar de alguna manera mentalmente perturbado. También suelen remitir pacientes que no han respondido al tratamiento para la depresión, o por cualquier desorden mental que ellos piensen esté implicado en la situación actual del paciente. Es posible que los propios familiares o amigos sean los que insistan en contar con la opinión de un psiquiatra, pues se encuentran preocupados acerca del estado mental de su enfermo.

Sin embargo, la razón más común por la cual se remite a un paciente al psiquiatra es la severidad de su padecimiento. Las personas que tienen una profunda depresión, que han intentado suicidarse, o quienes han estado presentando ideaciones suicidas, son con frecuencia llevados al psiquiatra, y en la mayoría de los casos son hospitalizados por su propia seguridad, mientras el tratamiento les hace efecto. En realidad, las personas pueden ser ingresadas al hospital, aun en contra de su voluntad, si se piensa que pueden representar un peligro para sí mismas o para otros.

La estigmatización de la psiquiatría

El estigma que suele relacionarse con la enfermedad mental ya ha sido discutido anteriormente. Este tipo de estigma se ve reforzado cuando se liga a la psiquiatría. El folleto sobre depresión que hemos venido comentando advierte a la familia y a los amigos de las personas depresivas contra el hacer aseveraciones como "No exageres las cosas yendo a ver a un psiquiatra; tú no estás loco".

Y es cierto, las personas comúnmente son disuadidas por sus familiares para que no consulten a un psiquiatra o para que no vayan a un hospital psiquiátrico, porque sienten que ese estigma caerá sobre ellos mismos, considerando la consanguinidad. Este comportamiento puede ser en extremo desafortunado, o incluso letal, ya que las personas que han sido referidas para ser atendidas psiquiátricamente son, en la mayoría de los casos, suicidas.

Medicación

Ya se ha hablado mucho de las terapias basadas en impulsar la comunicación como forma de terapia contra la depresión, hablemos ahora del tratamiento basado en las píldoras.

La medicación antidepresiva también se encuentra estigmatizada, en parte porque el grueso de la población tiende a tratarse con tranquilizantes y antidepresivos combinados. Hasta hace relativamente poco tiempo, era común que los médicos prescribieran tranquilizantes, como el *Valium*, a cualquier persona que sufriera de estrés o ansiedad. Tiempo después, se descubrió que el Valium es adictivo y las personas que lo habían estado tomando por algún tiempo experimentaban efectos desagradables cuando dejaban el tratamiento, proceso que debe llevarse a cabo paulatinamente.

De hecho los antidepresivos y los tranquilizantes son fármacos completamente diferentes, hecho que aunque era conocido por los médicos familiares, no lo aplicaban a sus pacientes, tratándolos con Valium y creyendo que se trataba de ansiedad y estrés, en vez de un padecimiento depresivo. Es un hecho que algunos fármacos antidepresivos tienen un efecto ligeramente sedativo, aunque ésta no es su función primordial. Pero lo más importante es que, a diferencia del Valium, éstos no forman hábito o adicción.

Además de que los medicamentos para tratar la depresión han pagado con el descrédito la confusión que los asocia con los tranquilizantes, los antidepresivos en sí mismos tienen mala fama. Por otro lado, en la actualidad las personas han comenzado a pensar que la medicina normal en Occidente no es la respuesta a todas las enfermedades, y por ende, comienzan a considerarse otros tipos de medicina alternativa, como la homeopatía, la herbolaria, la acupuntura, la aromaterapia, etc. Esto ha dado como resultado una gran desconfianza en los medicamentos alópatas de cualquier tipo, ya sean antibióticos, antidepresivos, etc.

Y como si esto no fuera suficiente para desacreditar a los antidepresivos, muchas personas sostienen que estos fármacos simplemente entorpecen o insensibilizan, al grado de que quienes los toman comienzan a sentirse mejor, con lo cual estarán menos aptos para enfrentar y resolver lo que está mal en sus vidas. Los que piensan de este modo, creen que es mejor vivir la experiencia dolorosa y trabajarla, en vez de tomar algo que los alivie.

De hecho, ese estado insensible o entorpecido al que se refieren cae más dentro del campo de los tranquilizantes que en el de los antidepresivos; éstos últimos están diseñados para levantar el ánimo y acabar con el entorpecimiento o estado inconsciente del paciente.

Las personas que toman medicamentos justifican el hacerlo porque dicen que de alguna manera están optando por evitar el dolor. En el caso de los individuos que sufren depresión, ellos están optando por evitar el entorpecimiento y la inmovilidad de que son presa; pero el hacerlo los hace sentir débiles y dependientes, factor que se adiciona a los sentimientos de culpa que de por sí se manifiestan como uno de los síntomas de su padecimiento.

Es posible que, en primer lugar, las personas depresivas no sólo decidan no tomar medicamentos, sino que en caso de aceptar hacerlo cuando están muy enfermos, ellos pueden decidir dejar de tomarlos demasiado pronto, en cuanto comienzan a sentirse mejor, y creer que son más capaces de manejar las presiones sociales. Los amigos y parientes que no comprendan la necesidad del uso de medicamentos antidepresivos, o que no entiendan la manera en la que éstos trabajan, suelen recomendar a quien padece la enfermedad el dejar demasiado pronto los medicamentos, puesto que ellos han sido persuadidos por la mala fama de los antidepresivos.

Debido a estas circunstancias es que se insiste en la necesidad de difundir la realidad de la medicación en los casos de depresión, para evitar que la familia y los amigos de los pacientes interfieran con el tratamiento, identificándolo como "estupidizante" e innecesario para un mal que normalmente se considera superable con la simple "fuerza de voluntad".

Es una pena que los antidepresivos hayan creado tan mala fama, porque muchos expertos concuerdan con que este tipo de terapia es la más efectiva en los casos más severos de depresión. Los que están sufriendo esta enfermedad tienen suficientes problemas contra los que tienen que luchar, como para que además se les agregue el sentimiento de culpa por aceptar un tratamiento que les va a ayudar a recuperarse.

Las personas con las que me he encontrado, que en alguna etapa de su vida han sufrido depresión y que se han podido recuperar, informan del importante papel que han jugado los antidepresivos en su recuperación. Ellos sienten que ha sido sólo después de los medicamentos que han comenzado a trabajar, y que su ánimo pudo elevarse lo suficiente para permitirles pensar normalmente de nuevo.

En el libro *Manejando la Depresión*, Gerrilyn Smith y Kathy Nairne expresan sus reservas acerca de prescribir estos fármacos demasiado rápido, aunque admiten que hay ocasiones en las que los antidepresivos pueden ser útiles; y mencionan a algunas personas que han encontrado alivio con este tipo de fármacos. Un comentario respecto a estas citas en particular, habla de la función que tienen los antidepresivos en el tratamiento de la depresión. Este fue hecho por una mujer que admite que se sentía culpable por estarlos tomando, pero que decidió hacerlo de todas maneras:

"Aunque yo debía mi buen funcionamiento a aquellas tabletas, en más de una ocasión sentí que era un error tomarlas; aunque estuve de acuerdo para evitar el ingreso a un hospital".

Diferentes tipos de antidepresivos

Hasta hace poco tiempo existían dos principales clases de fármacos antidepresivos, los *tricíclicos* y los *inhibidores de mono-amino-oxidasa*. A éstos se ha sumado recientemente otra serie, llamada *inhibidores de los recapturadores selectivos de serotonina*, más conocidos como *Prozac*.

Antidepresivos Tricíclicos

Éstos fueron descubiertos gracias a las investigaciones del Dr. Roland Kuhn y su equipo de investigadores en Suiza, que en realidad estaban buscando un droga que pudiera calmar los síntomas psicóticos en personas que sufren de una severa enfermedad mental, como la esquizofrenia.

El equipo de investigación desarrolló, en 1956, una droga llamada *Imipramine*, la cual no pudo ser efectiva contra los síntomas psicóticos; sin embargo, se encontró que podía aligerar la depresión en los pacientes esquizofrénicos.

El Imipramine aún es utilizado hoy en día en los tratamientos contra la depresión, así como otros miembros del grupo de fármacos al que pertenece. Los antidepresivos tricíclicos son llamados así porque están compuestos químicamente por tres cadenas vinculadas, a las cuales está unida una cadena lateral. Los miembros que componen este grupo de fármacos antidepresivos no varían mucho en términos de su efectividad terapéutica, aunque en cierto grado tienen diferentes rangos de efectos secundarios.

Es aún común que el grupo de fármacos tricíclicos sea considerada la primer línea de ataque contra la depresión, en términos de medicación. Se piensa que son particularmente efectivos en aquellos pacientes cuya depresión viene acompañada de síntomas físicos, como un severo desajuste del sueño, o la pérdida del apetito. De hecho, estos pacientes hablan de lo agradecidos que están porque les ha sido posible dormir normalmente gracias a que tomaron los medicamentos, esto lo comentan poco antes de percatarse que su ánimo está un poco mejor.

Factor tiempo

Uno de los problemas que presenta este grupo de medicamentos es que comúnmente tardan de dos a cuatro semanas para hacer efecto. Esto puede representar un problema para las personas que están severamente deprimidas y que han comenzado a tener ideaciones suicidas. Es muy posible que ellos tengan que ser hospitalizados durante este periodo.

Las personas que no están severamente afectadas, pero que aun así se encuentran en malas condiciones, se pueden beneficiar con la terapia cognoscitiva o la terapia interpersonal durante este periodo de espera. Incluso puede tomar algún tiempo antes de que se ajuste la dosis adecuada. A veces, el médico comienza con dosis muy ligeras que después necesita incrementar. Por lo general, la dosis adecuada depende de la severidad del padecimiento.

Desafortunadamente, por el largo periodo que tiene que pasar antes de ver mejorías, la persona depresiva que está tomando el medicamento puede sentirse desalentada, y dejar de tomarlas antes de darles la oportunidad de comenzar a hacer efecto. Esto es más común que suceda si la persona ha estado sufriendo alguno de los más o menos desagradables efectos secundarios de los medicamentos tricíclicos.

Efectos secundarios

Es más común que ocurran, los llamados efectos secundarios, tratándose de las formulaciones más antiguas de los tricíclicos como el Imipramine o Amitriptaline, que en sus formulaciones más modernas. Los efectos secundarios pueden incluir boca seca, visión borrosa y estreñimiento. Aunque también pueden ocasionar un efecto sedativo, que puede ser valioso si la persona depresiva está también sufriendo de inquietud.

De hecho, muchas personas encuentran que si persisten en la toma de sus medicinas, los efectos secundarios desaparecen en un periodo corto. Sin embargo, es obvio que algunas personas no estén preparadas para esperar mientras que esto sucede, sobretodo si no se encuentran en una etapa severa de depresión.

Una vez que se comienzan a sentir mejor, muchos pacientes depresivos creen que pueden dejar de tomar los antidepresivos, los cuales deben ser retirados gradualmente, en vez de hacerlo de golpe. Incluso se piensa que deben de seguir tomándose por un tiempo considerable, con el fin de evitar la recaída del paciente.

Los primeros tricíclicos están contraindicados para el tratamiento de las personas en edad avanzada, ya que pueden inducir a lo que se conoce técnicamente como *hipotensión postural*. En otras palabras, cuando estas personas toman este tipo de medicamentos, su presión sanguínea puede caer repentina y rápidamente, y pueden causar también arritmia cardíaca.

Sobredosis

Otro problema con los medicamentos tricíclicos es que éstos, a diferencia de otros fármacos, son más peligrosos si se llega a una sobredosis. Una cantidad de diez veces la recomendada puede ocasionar la muerte.

Inhibidores de la monoamina oxidasa

Este grupo de fármacos ha sido llamado así por ser miembros del grupo que inhibe o detiene el proceso, mediante el cual la enzima llamada monoamina oxidasa desactiva los neurotransmisores, que se piensa juegan un papel importante en el mantenimiento y balance del estado de ánimo.

Éstos fueron descubiertos en 1956 cuando el Dr. Nathan Kline, en el hospital estatal de Rockland, se encontró con que la droga llamada Iproniazid, utilizada para tratar la tuberculosis, elevaba el estado de ánimo de los pacientes. Kline comenzó a dársela a sus pacientes que sufrían de depresión, encontrándola muy efectiva.

Estos fármacos son comúnmente utilizados si los del rango de los tricíclicos han sido ineficaces. Los inhibidores de la monoamina oxidasa o MAOIs, como se les llama, son usados en casos de depresión con características que se piensa no son típicas, como la ansiedad, un incremento en el sueño, mayor apetito, y una baja de ánimo por las noches en vez de por la mañana, como es común en los casos típicos de depresión.

Efectos secundarios

Los MAOIs incluyen efectos secundarios como dolores de cabeza, boca seca, estreñimiento, y aunque menos comunes, también, visión borrosa, excitación, sudoración momentánea y dificultad para orinar.

Dieta y restricciones que deben seguirse a causa del tratamiento farmacológico

Las personas que están tomando cualquiera de los MAOIs deben ser cuidadosas en cuanto a lo que comen o beben. Se les provee de una lista de alimentos que deben ser retirados de su dieta, como algunos tipos de quesos, tabaco o pescados encurtidos, vinos rojos y extractos de carne o levaduras.

También existen ciertos fármacos que deben manejarse con cuidado si la persona ya está bajo tratamiento con MAOIs y sólo deberá tomarlo después de consultar con un médico, para tomar en cuenta el efecto de la interacción de ambos medicamentos. Esto incluye las formulaciones de medicamentos utilizados contra la gripe, para el tratamiento de la presión sanguínea, los antihistamínicos y algunos otros.

La necesidad de evitar ciertos alimentos y bebidas es porque éstos contienen sustancias llamadas *tyramine*. Los MAOIs impiden la desactivación del tyramine, y un incremento de esta sustancia en el cuerpo puede causar un peligroso aumento en la presión sanguínea.

Las restricciones en la dieta que impone el tomar este tipo de fármacos hace que los pacientes no deseen continuar tomándolos, o simplemente, los abandonan tan pronto como se sienten un poco mejor, aunque lo correcto es que los siguieran tomando durante un tiempo después de presentar mejoría.

Ha sido desarrollado un nuevo tipo de MAOI llamado RIMA, abreviación que se usa para definir a los inhibidores reversibles del MAO-A. Se piensa que éstos interactúan en menor medida con el tyramine, por lo que las restricciones en la dieta son menos severas. El nombre de la nueva droga refleja que existen dos formas de monoamina oxidasa, llamadas MAO-A y MAO-B.

Inhibidores de los recapturadores selectivos de serotonina (SSRIs)

Se ha sugerido que la depresión puede ser causada por reducidos niveles de serotonina en el cerebro. Los SSRIs, o inhibidores de los recapturadores selectivos de serotonina, permiten un mejor uso de la serotonina en el cerebro, deteniendo a los recapturadores dentro de sus propios almacenes en el cerebro, por lo tanto, se incrementa el nivel de serotonina circulante.

Prozac

Este grupo de fármacos es relativamente nuevo, siendo el más conocido el Prozac, como se le llama comercialmente a la flooxetina hidroclorhídrica. Los SSRIs se están volviendo muy populares por sus bajos reportes de efectos secundarios. También son considerados más seguros que otros tipos de antidepresivos porque es difícil caer en una sobredosis. El Prozac ha sido utilizado en Estados Unidos con demasiada liberalidad, y es casi un fenómeno social.

Se le ha llamado la "droga maravilla" o "píldora de la felicidad", y es por esto mismo que muchas personas, e incluso médicos, guardan sus reservas. Muchos doctores prefieren prescribir drogas más antiguas, probablemente tomando también en cuenta el alto precio del Prozac, en relación a otros fármacos que merman menos la economía de sus pacientes.

Efectos secundarios

Aunque los SSRIs reportan tener menos efectos secundarios que los antidepresivos mencionados anteriormente, también presentan algunos, aunque también son pasajeros con el uso. Los efectos secundarios incluyen diarrea, náuseas, mareos, dolores de cabeza, boca seca, nerviosismo, ansiedad, insomnio y trastornos sexuales.

No debe tomarse ningún tipo de MAOI del rango de los antidepresivos junto con el Prozac. El tomarlos simultáneamente produce reacciones muy severas como presión extremadamente alta, estado de shock y náuseas.

El Prozac ha recibido críticas negativas en Estados Unidos; las personas dicen que induce a la manía y al comportamiento aberrante, incluyendo actos violentos hacia otras personas y suicidio, aunque los hechos publicados no apoyan tales críticas.

Litio

El litio es utilizado en desórdenes afectivos bipolares, conocidos comúnmente como maníaco-depresivos. Se utiliza principalmente para tratar de prevenir la recurrencia de este desorden en personas que tienen propensión a ella, y para tratar episodios agudos de manía. El litio también es usado algunas veces para tratar la depresión que ha sido resistente a otros fármacos; es común en este caso comenzar a utilizarlo en conjunción con uno de los fármacos antidepresivos tricíclicos.

El litio no es una droga sintetizada, sino un elemento natural que por lo general es administrado a los pacientes en forma de carbonato de litio o citrato de litio. Las sales de litio eran usadas originalmente como tratamiento contra la gota, y después fueron utilizadas como sustituto de la sal por las personas que sufrían enfermedades cardíacas. Las sales ya no son utilizadas en ninguno de los dos casos mencionados.

El rol que juega el litio en la manía, fue descubierto accidentalmente por el psiquiatra australiano, John Cade, en 1949. Originalmente él había pensado que la urea podría estar involucrada en el desarrollo de la manía, así que inyectó nitrato de litio a unos cerdos; la combinación del ácido úrico y litio debían, hipotéticamente, inducir la manía. Pero lejos de volverse maníacos, los cerdos quedaron en estado letárgico. Cade quería saber si el litio también tendría efectos calmantes en el ánimo de las personas, así que les administró a varios de sus pacientes que padecían manía carbonato de litio, descubriendo que, efectivamente, tenía efectos benéficos.

Factor tiempo

Se ha encontrado que el litio es efectivo en la prevención de la recurrencia de manía depresiva. Desafortunadamente, los pacientes la deben tomar por largo tiempo, tanto como un año, antes de que trabaje eficazmente. Por esta razón, las personas dejan de tomarla pensando que no les está haciendo ningún bien.

Dado que es utilizada para prevenir la recurrencia de la manía depresiva, el litio tiene que ser tomado durante varios años por las personas propensas a este padecimiento, y en algunos casos, debe usarse de por vida. A muy pocos de nosotros nos gusta tomar medicamentos, y saber que se deben tomar durante largos periodos puede considerarse como una verdadera carga. Esto hace que muchas personas dejen de tomar litio, especialmente durante los periodos en los que se sienten perfectamente bien.

Efectos secundarios

Los efectos secundarios que tienen la posibilidad de ocurrir durante los primeros días de su tratamiento, pueden ser: un inusual incremento en la sed, aumento de la necesidad de orinar, un sabor metálico en la boca, temblor de manos, náuseas y calambres en el estómago.

El litio también puede afectar a la glándula tiroides, reduciendo su actividad, lo que ocasiona una ganancia de peso. Si se toma en dosis altas, puede causar desórdenes en los riñones o dañarlos.

Terapia electroconvulsiva

Existe, por lo general, una enorme desconfianza acerca de la terapia electroconvulsiva. Esto ocurre, principalmente, porque las personas la ven como un procedimiento drástico, a causa de la literatura o el cine. Por ejemplo, en la película *One flew over the cuckoo's nest*, se administra esta terapia sin ninguna forma de anestesia a pacientes que no están dispuestos, e incluso se les agrede de esta manera, más como una forma de castigo que como una forma de terapia.

La terapia electroconvulsiva consiste en proporcionar un "shock" eléctrico al cerebro, pues se piensa que actúa haciendo efecto sobre los neurotransmisores que se cree están involucrados en la depresión. Esta terapia fue descubierta por un investigador italiano llamado Ugo Cerletti en la década de los 30's, mientras estaba conduciendo una investigación sobre la posible relación entre la epilepsia y la esquizofrenia, y fue utilizada por primera vez en 1938. Aunque no se encontró que tuviera ningún efecto significativo sobre la esquizofrenia, sí reportó efectos benéficos en las personas que estaban sufriendo depresión.

El uso de fármacos que paralizan los músculos por un corto tiempo, y los medicamentos anestésicos que también actúan poco tiempo, han disminuido la incomodidad que las personas experimentan cuando se les administra la terapia electroconvulsiva. Este proceso es considerado por muchos como eficaz en el tratamiento de depresiones severas, y tiene la ventaja de trabajar más rápidamente que las drogas antidepresivas.

Los "electroshocks" son utilizados en pacientes gravemente deprimidos que han tenido intentos suicidas, o bien en pacientes con depresiones severas cuyo padecimiento no ha respondido a los antidepresivos, o que no los han podido tolerar.

También se utilizan en el caso de personas de edad avanzada que están sufriendo depresión, y a quienes el uso de drogas antidepresivas les es restringido por los potenciales efectos secundarios.

Efectos secundarios

Los más comunes son los dolores de cabeza, dolores musculares y un estado de confusión ligero. Estos efectos desaparecen rápido, aunque algunos pacientes reportan cierta pérdida de memoria de eventos remotos, y en general, daño en la memoria que comúnmente se prolonga por algunas semanas o meses después de su terapia electroconvulsiva.

Fototerapia

Como se indicó anteriormente, existe una forma de depresión propensa a desarrollarse durante los meses de invierno, a la cual se le ha llamado *Desorden afectivo de estación.* Su descubrimiento llevó a utilizar luz artificial muy brillante. A esta forma de tratamiento se le llama fototerapia.

Se ha encontrado que esta terapia es muy efectiva, pero las recaídas son frecuentes cuando el tratamiento se ha descontinuado. La luz debe ser mucho más intensa de lo normal, y la fototerapia debe administrarse por lo menos dos horas diarias, preferentemente durante cuatro días.

Capítulo 6

UN ACERCAMIENTO A LOS MÉTODOS ALTERNATIVOS

En el capítulo anterior nos hemos referido a los métodos más utilizados para el tratamiento de la depresión; pero en nuestros días existe un gran interés en la medicina alternativa o complementaria y las terapias en general. Muchas personas consideran que éstas son aplicables al tratamiento de las formas más ligeras de depresión, y para evitar que se presente dicho padecimiento.

De cualquier manera, debe hacerse énfasis en que la depresión, aun en su forma más leve, es una enfermedad que requiere ayuda médica, de no buscar también este tipo de apoyo, el padecimiento puede convertirse en una severa enfermedad que puede llevar al suicidio.

Acupuntura

Se trata de un método chino tradicional, basado en la filosofía del "Yin-Yang", y que tiene como objetivo mantener al cuerpo en un estado de balance. Se piensa que tiene algún efecto en aliviar algunos de los síntomas físicos de la depresión, como el insomnio, el estado letárgico, la falta de apetito y la falta de deseo sexual, entre otros.

El tratamiento consiste en la inserción de agujas muy finas a unos pocos milímetros dentro de la piel, en ciertos puntos que son agrupados a lo largo de las líneas conocidas como "meridianos", los cuales, se piensa, controlan diferentes órganos; el propósito de las agujas es estimular esos meridianos, así como restablecer el balance del "flujo de energía" en las personas que han sufrido alteraciones.

Además del implante de las agujas, el acupunturista también trata de establecer una buena comunicación con el paciente, intentando animarlo a hablar de los pensamientos negativos que inciden en su mal.

La idea es que la combinación de la terapia de agujas y el incitarlo a hablar, ayudará al paciente a estar más equilibrado, y tal vez ir dando pasos para reestructurar su vida y establecer una perspectiva sana del futuro.

Homeopatía

La homeopatía se ha vuelto muy popular en estos días, al grado de que muchos médicos generales recomiendan remedios homeopáticos, o bien, ellos mismos están capacitados para practicarla.

La medicina homeopática se basa en proporcionar pequeñas dosis de sustancias que producen, en una persona sana, el los síntomas que sufre el paciente, para de esta manera, estimular al cuerpo a combatir la enfermedad.

Herbolaria

Éste es un sistema de medicina muy antiguo que utiliza plantas de los campos o bosques para curar y prevenir enfermedades. Es importante, por supuesto, consultar a un médico naturista para que aconseje el tipo de hierbas a utilizar, puesto que no se trata de comprar un libro del tema y salir al campo para recolectar plantas en una canasta.

Las hierbas que se han utilizado a lo largo de los años contra la depresión, incluyen a la llamada *hierba de San Juan*, la cual da mejores resultados utilizada bajo supervisión médica. El *bálsamo de limón*, la *escutelaria*, la *verbena* y la *avena silvestre* son algunas hierbas que se recomiendan en el tratamiento de la depresión; pero enfatizamos la necesidad de consultar a una persona calificada para el uso de éstos y otros tipos de hierbas.

Los curanderos orientales han utilizado tradicionalmente la *hidrocótila*, también llamada *gotu kola,* para tratar problemas emocionales y mentales como la depresión, en especial cuando se presenta paralelamente con un decaimiento físico.

Flores de Bach

Consiste en un tipo particular de remedio herbolario, desarrollado específicamente para tratar estados mentales o emocionales. Se asegura que algunas flores tienen gran relevancia en el tratamiento contra la depresión; pero antes de que se elija este tipo de tratamiento, la persona deberá tomarse el tiempo necesario para documentarse a través de la literatura que existe al respecto, o bien, buscar la guía de un profesional. Este paso puede llevarse a cabo en los casos de desórdenes del estado de ánimo o depresiones ligeras.

Estos remedios están hechos a base de una preparación de flores de plantas silvestres, arbustos y árboles. El sistema y los treinta y ocho remedios fueron descubiertos por un médico londinense que trabajaba como bacteriólogo y homeópata.

Se trata de productos que restauran la vitalidad de las personas que sufren de algún tipo de desorden emocional. No están pensados para aliviar un mal físico directamente, sino que tratan los estados mentales y emocionales relacionados con una enfermedad física, que pueden estar obstaculizando y retrasando la recuperación del paciente.

La terapia con flores de Bach no se considera peligrosa y no se crean formas de dependencia.

Aromaterapia

Algunas personas encuentran que la aromaterapia es útil para conservar el buen ánimo y para prevenir la depresión, o incluso combatirla cuando ya se ha manifestado, pero se encuentra en su primera etapa.

La aromaterapia es un tipo de tratamiento que utiliza aceites de esencias naturales. Éstos son líquidos concentrados, destilados a partir de ciertas plantas. Se usan flores, hojas, cortezas, raíces y bayas, dependiendo de la planta en particular.

Se ha vuelto popular últimamente, aunque en realidad es un tratamiento muy antiguo. De hecho, el uso de aceites de esencias se remonta hasta el antiguo Egipto. Ellos tenían un método para extraer los aceites de ciertas plantas, la mayoría de ellas con fragancia, manejando los aceites para hacer ungüentos y bálsamos curativos, así como también para embalsamar a sus muertos. Los egipcios también utilizaban los aceites en la fabricación de perfumes y para cocinar.

El uso de los aceites fue extendido de Egipto a Grecia, y de ahí, a los romanos. Estas esencias aromáticas fueron muy utilizadas por los médicos árabes, y muchos de los aceites y el procedimiento para destilarlos y usarlos, fueron llevados a Europa en la época de las cruzadas.

El nombre de "aromaterapia", a diferencia del concepto o los orígenes que la respaldan, es reciente. Esta palabra se deriva de la palabra francesa *aromatherapie*, que fue acuñada por René Maurice Gattefosse, un químico que tenía su propio negocio familiar de perfumería. Este hombre emprendió una investigación sobre la aplicación médica de la aromaterapia y los aceites de esencias, publicando su libro sobre *"aroma-therapie"* en 1928.

El interés que esta terapia ha llegado a tener en Francia data de más tiempo que en Inglaterra; sin embargo, es en este último país donde se ha generalizado, pues ya se usa de manera normal en hospitales y lugares para enfermos terminales (*hospices*), para crear la sensación de bienestar en los pacientes.

Los aceites de la aromaterapia pueden ser utilizados de diversas maneras. En nuestros días se pueden conseguir fácilmente, ya sea en farmacias o tiendas naturistas.

Baños

Pueden añadirse al baño caliente de tina algunas gotas del aceite apropiado o unas gotas de la mezcla apropiada de ellos. Los aceites penetran en la piel, lográndose el efecto deseado. Los baños de pies con aceites también son recomendables.

Inhalaciones

También se pueden utilizar unas gotas de mezcla de aceites esenciales para hacer inhalaciones de vapor. Se agregan unas gotas de aceite en una palangana con agua hirviendo, se coloca una toalla sobre la cabeza, tapando al mismo tiempo la palangana para no dejar escapar el vapor, y se inhala por unos pocos minutos.

También pueden rociarse algunas gotas de aceite en el pañuelo para inhalarlo durante el día.

Aromatizando la habitación

Se pueden agregar unas gotas de aceite al agua de un pequeño atomizador para rociar con él la habitación. También se pueden usar pequeños candeleros a los que pueda añadirse unas gotas de aceite.

Masajes

Todas las aplicaciones descritas anteriormente pueden ser utilizadas por las personas que buscan alcanzar los efectos medicinales de los aceites; sin embargo, el masaje es el más exitoso y efectivo de todos los métodos para beneficiarse de las propiedades de los aceites de esencia. Aunque los masajes de partes del cuerpo específicas, como los pies o las piernas, pueden llevarse a cabo por la misma persona, un masaje en todo el cuerpo implica el buscar a la persona adecuada para que lo aplique.

Una vez seleccionados los aceites, deben ser diluidos en una base también de aceite, como el de germen de trigo, de oliva, de semilla de uva, de almendra, de fruta de albaricoque, o una mezcla a base de éstos.

La selección de los aceites

Los aceites de esencias son fragantes y placenteros, es por esto que no se les atribuye la importancia que tienen en cuanto a sus poderes curativos; por esta razón, es conveniente tener el conocimiento y la habilidad suficiente para utilizarlos correctamente, con el fin de que su efecto sea eficaz sin que existan molestias. De hecho, algunos aceites de esencias están contraindicados en ciertos padecimientos.

La correcta selección de estos aceites es particularmente importante en los casos del masaje corporal, así como también en sus demás aplicaciones. Las personas que están contemplando la idea de este tratamiento deben primero buscar la guía de un experto en el asunto.

Existen muchas publicaciones sobre el tema, las cuales proporcionan suficiente información sobre las propiedades de los aceites esenciales y el uso de algunos en determinadas situaciones. También se indica ahí los padecimientos en los que no se recomienda su uso, y por supuesto, debemos estar conscientes de que muchos de nosotros padecemos de alguna enfermedad que incluso desconocemos, como pueden ser los problemas de presión arterial.

Consejo especializado

Como ya se indicó anteriormente, dada la potencia que tienen los aceites esenciales en sus formas más puras, es recomendable buscar el consejo de un experto antes de someterse a este tipo de tratamiento, sobre todo cuando existe un padecimiento como la depresión, y en ciertos tipos de masaje, como el corporal, donde se utiliza la mezcla de varios tipos de aceites.

Como en el caso de la psicoterapia, no existen estándares de calidad y eficacia para los aromaterapistas. Aun cuando estas personas demuestren tener los estudios suficientes, uno debe concientizarse de que tanto la calidad como el tiempo de entrenamiento varían enormemente. Algunos cursos, por ejemplo, sólo duran un fin de semana. Para encontrar a la persona adecuada deberán hacerse varios intentos, hasta localizar a alguien que cumpla con los requisitos indispensables. Habrá que pedirle a los amigos alguna recomendación, buscar si en nuestro centro de salud más cercano pueden darnos alguna información, y en última instancia, buscar en la guía telefónica.

Obviamente, las personas que están sufriendo de una depresión severa están imposibilitados para tomar este tipo de acciones, ya que su padecimiento les impide tener la energía y motivación para hacerlo, por lo que este tipo de tratamiento sólo es útil para aquellos cuya depresión se encuentra aún en grados moderados.

Los aceites de esencia más importantes para el tratamiento de la depresión

La selección correcta de los aceites para cada tipo de situación cobra mayor importancia cuando se trata de la depresión, en cuyo caso se deben tomar en cuenta varios aspectos, además de que ésta puede llevar a desenlaces trágicos si no se aplica ninguna terapia para su recuperación.

La *bergamota*, el *geranio*, la *melissa* y la *rosa* ayudan a elevar el ánimo de las personas depresivas sin producir efectos sedantes. Cuando se requieren efectos sedativos y antidepresivos, son útiles las propiedades de la *manzanilla*, la *salvia silvestre*, la *lavanda*, el *sándalo* y el *ylang ylang*. Cuando la ansiedad está asociada con la depresión, se recomienda la esencia de flor de naranja amarga, por su efectividad contra este síntoma.

Relajación

Como ya se indicó en el capítulo 4, aún no se ha llegado a una conclusión en cuanto a qué es lo que desencadena la depresión. Sin embargo, se piensa que existe más de un factor involucrado en el proceso. De esto se desprende que una de las posibles causas que desencadenan la depresión es el estrés.

Las personas que están padeciendo esta enfermedad encuentran grandes dificultades para desconectarse de sus diarias preocupaciones. Su mente está siempre activa, sus pensamientos se dirigen una y otra vez en la misma dirección de una manera poco constructiva. La relajación puede ayudarles a tratar y evitar la depresión, incluso puede utilizarse como una forma de terapia, por lo menos en las primeras etapas de la depresión, antes de que llegue a un grado severo. También puede usarse como una terapia de apoyo durante el curso de otro tipo de tratamiento. Por ejemplo, puede ser de gran ayuda mantener una disciplina de ejercicios de relajación durante la terapia farmacológica, dando tiempo a que los medicamentos logren su punto máximo de efectividad dentro del organismo.

Tenemos que aprender a relajarnos, incluso en las condiciones de vida agitada de la actualidad. La relajación no consiste en arrellanarse frente al televisor para ver telenovelas, se trata de un método que nos permite llegar a un estado profundo de paz, vaciando nuestra mente de todo obstáculo que nos impida la distensión de nuestros cuerpos.

Las técnicas de relajación varían según la preferencia del individuo, y es importante que la persona que esté interesada en ella encuentre su muy particular manera de practicarla. Para algunos es muy fácil poder relajarse, en cambio otros, lo encuentran sumamente difícil, pensando que no tienen tiempo para una actividad como ésa; sintiendo que será algo aburrido; asumiendo erróneamente que la relajación profunda es comparable a un estado autómata, en donde su nivel de consciencia es más bajo, lo que es completamente equivocado.

Preparándose para la relajación

Por lo general, y en especial las personas que están comenzando a practicar las técnicas de relajación, gustan de buscarse una posición confortable para relajarse, sin ser por ello una posición que los induzca al sueño; tales posiciones varían de persona a persona. Algunos prefieren recostarse en el piso, mientras que otros se sientan en un confortable sillón. El caso es que usted se encuentre a gusto, por lo menos al principio, ya que las personas que han logrado manejar el arte de la relajación, después de mucha práctica pueden entrar en su relajación rutinaria dondequiera que se encuentren y casi en cualquier posición, pero para principiantes es conveniente un máximo de comodidad.

También se considera que un estado confortable incluye vestir ropa adecuada, no muy ajustada, como la que uno debe llevar cuando se está trabajando en una oficina. Si usted está tratando de desprenderse de sus preocupaciones diarias, estará menos apto para hacerlo si está sintiendo sobre el cuerpo la tirantez de su cinturón, por ejemplo.

Es importante que se comprometa a destinar algo de tiempo cada día para sus sesiones de relajación. Todos sabemos cuán fácil es tener buenas intenciones, pero de alguna manera nunca encontramos el momento para llevarlas a cabo. Es necesario tener un poco de autodisciplina para tomarse unos momentos para sí mismo, y es más fácil hacerlo cuando ya se ha establecido la hora en que se realizarán estas actividades, en vez de hacerlo en cualquier momento del día; esto, por lo menos, mientras que sus sesiones de relajación se convierten en parte de su vida; porque, como dijimos anteriormente, las personas que se han vuelto expertas en las técnicas de relajación, pueden hacerlo en cualquier momento y bajo cualquier circunstancia, logrando rápidamente una disminución del estrés; aunque llegar a esto representa un largo proceso de práctica.

Si usted está a punto de comenzar un programa de relajación, tome también en cuenta que debe contar con un lugar privado y silencioso. No será prudente que intente realizar su técnica de relajación rodeado de ruido y actividad, hasta que usted ya haya aprendido algo sobre el arte de "desconectarse". De no tomar esto en cuenta, comenzará a distraerse tan fácilmente que llegará a la conclusión de que usted no es un buen candidato para la relajación. En cambio, si usted considera esta recomendación, llegará el día en que tendrá la suerte de ser uno de aquellos que pueden entrar en relajación sin importar el lugar, o lo ruidoso y estresante del ambiente que le rodea; sería ingenuo pensar que se podrá manejar con eficacia la relajación desde el inicio del aprendizaje.

Al entrar en un programa de relajación, también se deben considerar las condiciones físicas del momento. No hablamos sólo de la ropa y el lugar, sino también de su digestión. Si usted acaba de ingerir una comida fuerte, lo más probable es que se quede dormido. Por otro lado, si usted no ha comido en todo el día y está hambriento, encontrará dificultades para poder evitar lo suficiente la sensación de hambre para concentrarse en su técnica de relajación.

Así pues, el tiempo, el lugar, la ropa y su estómago son puntos a considerar por aquellos que quieren adentrarse en las técnicas de relajación. Pero existe un factor esencial que lo puede llevar a conseguir su propósito, se trata de la técnica de respiración. La mayoría de nosotros, aunque muy probablemente desconozcamos el hecho, tenemos un patrón de respiración poco profundo y errático. El controlar y regular nuestra respiración se vuelve un factor importante en la relajación y la meditación, lo cual se obtiene gracias a la respiración adecuada, induciendo a la persona a un estado de calma, que es fundamental para que se produzca una relajación auténtica.

Técnicas de respiración

Con el fin de dominar las técnicas de respiración utilizadas en los programas de relajación y meditación, es excelente poner atención en los tiempos de "cuatro momentos" de nuestra respiración, los cuales son la base de muchas de las técnicas que se manejan. Se respira en cuatro tiempos y se expira en cuatro tiempos, pero se detiene el aliento en lo más alto de los pulmones, contando dos tiempos al inspirar, y al soltar el aire se vacían los pulmones, tomando dos tiempos antes de la siguiente respiración. Si usted practica este procedimiento durante algunos minutos, con reloj en mano, con el tiempo aprenderá a manejar la duración correcta de sus ejercicios sin tener que ver el reloj.

La concentración en la respiración mantiene nuestros pensamientos lejos de las preocupaciones cotidianas y permite concentrarse únicamente en uno mismo. Probablemente el ejemplo más conocido sobre las técnicas de respiración que inducen a la relajación y desvían nuestra atención de los problemas, es el caso de la evasión del dolor utilizada para los nacimientos psicoprofilácticos. Las mujeres embarazadas toman cursos donde se les enseñan técnicas de respiración para ponerlas en práctica durante la labor de parto, con el fin de disminuir los niveles de dolor y la cantidad de medicamentos que se les aplican, y que de otra manera serían necesarios.

Técnicas de relajación muscular

Las técnicas de respiración forman parte importante del control de pensamiento o la dirección de la atención. Otra forma eficaz de llegar a esto es por medio de las técnicas de relajación muscular. Ésta consiste en la concentración sobre diferentes partes del cuerpo, por ejemplo, en las piernas, reconociendo la tensión y concentrándose en "aflojar" esos músculos en particular; así se procede con cada parte del cuerpo, haciendo que cada una de éstas se relaje al máximo. Como en el caso de la concentración en la respiración, la concentración en relajar los músculos o las distintas partes del cuerpo ayuda a dirigir nuestra atención, hasta el punto de disminuir el efecto de las diarias presiones y problemas en nuestras vidas.

Consiguiendo información

Al respecto de la relajación existe mucho más material para estudiar que el expuesto aquí. Para quien esté interesado en el tema existe una gran cantidad de material disponible en cualquier librería; además existe una variedad de cursos donde las personas pueden aprender las técnicas esenciales de relajación que pueden practicar individualmente.

El que usted tome o no uno de estos cursos dependerá de sus gustos, aunque algunas personas creen que para comenzar es mejor hacer el compromiso de unirse a un grupo formal; otros prefieren las instrucciones escritas que se encuentran en los libros. Otra modalidad son las cintas grabadas, en cuyo caso se necesita un cierto grado de autodisciplina y la concentración es necesaria para comenzar a escucharlas, pues parece muy fácil comprar una cinta, ponerla en la grabadora y atender a ésta durante unos minutos, para después apagarla y decidir que esto no es para usted. Sin embargo, las personas que persisten en su uso les conceden un alto grado de eficacia, por lo menos durante la primera etapa, cuando están enormemente motivadas para comenzar con su rutina. Otros se quejan de que este tipo de cintas son molestas e incluso arrogantes, pero como todo en la vida, este tipo de grabaciones tienen diferentes calidades.

Hay personas que no sólo dominan el arte de la relajación y la encuentran eficaz, sino que llegan a practicar el yoga. Mucha gente que han sufrido depresión se da cuenta de que el yoga es un buen camino para relajarse y liberarse. Hoy en día existen muchos lugares donde se practica esta disciplina.

Ejercicios físicos

También hay gente que considera que los ejercicios físicos pueden ser de gran valor en la depresión. Aquellos que han sufrido de episodios regulares de depresión encuentran que pueden evitarlos, por lo menos por un tiempo, gracias al ejercicio vigoroso, mientras que aquellos que están en la etapa de recuperación, se liberan con mayor facilidad de su proceso gracias a la práctica de algún ejercicio o deporte.

El ejercicio físico puede ser terapéutico en los casos de depresión ligera, aun cuando el individuo se encuentre todavía en estado depresivo. Sin embargo, no se considera útil cuando se trata de una depresión severa, ya que éste mina la energía del individuo, su interés y motivación.

El tipo de ejercicios que se desee practicar depende de las preferencias del individuo, pero para que sea eficaz es preferible que se trate de un ejercicio vigoroso, como la caminata o el ciclismo, y si éste se practica al aire libre, le reportará mayores beneficios a la persona.

El ejercicio físico también tiene el mérito de ayudar a las personas a dormir mejor. Este punto es importante para enfermos depresivos, ya que si la inercia inicial puede ser vencida, habrá menos posibilidades de que ocurran los trastornos del sueño, como el insomnio, que comúnmente se manifiestan con el padecimiento.

Dieta

Se comentó en el capítulo 4 que una posible causa de la depresión, o al menos una que contribuye a que se geste el padecimiento, es la deficiencia de vitaminas o minerales en el organismo. Algunos argumentan que comidas o sustancias tales como la cafeína, pueden ocasionar la depresión si se toman en exceso, aunque no ha sido posible comprobarlo.

Todo aquel que esté tratando de evitar la depresión debe tener una dieta sana y bien balanceada, como cualquier otra persona; aunque ahora se ha puesto mucho más énfasis en la importancia de comer mayores cantidades de fruta y vegetales, ya que se piensa que son poderosos aliados en contra de la enfermedad.

La depresión, por lo general, cursa con una baja de apetito, y aunque menos frecuente, también se presentan los casos en los que éste se incrementa, haciendo que la persona coma más de lo normal. Por eso es importante que se tenga una dieta balanceada, independientemente de la inclinación de la persona hacia la comida, con el fin de mantener su energía; aunque no es una tarea fácil convencerlos de esto, ya que han perdido en absoluto el interés, mostrándose apáticos.

Las personas propensas a la depresión deben evitar el alcohol, restringiéndolo a cantidades más que moderadas, ya que contrariamente a lo que se piensa popularmente, el alcohol es un depresivo. Nos podremos sentir bastante bien después de una o dos copas de vino, pero esto sólo sucede al principio; mayores cantidades de alcohol pueden hacernos sentir muy deprimidos, aunque no estemos sufriendo de depresión.

Autoayuda

Es muy importante que la depresión sea diagnosticada y tratada correctamente; en todos los casos se debe acudir a un profesional, aun en los más ligeros; sin embargo, quienes la sufren pueden tomar diferentes caminos de acción para proporcionarse a sí mismos una ayuda.

Algunos de estos posibles caminos ya se han descrito anteriormente. Estos incluyen ejercicios vigorosos, tener una dieta balanceada y aprender a relajarse. También en el capítulo 5, titulado "Tratamientos", se habló de unirse a un grupo de autoayuda; sin embargo, existen otras estrategias que se pueden tomar en el transcurso de su recuperación o en el caso de que se trate de personas con la predisposición a la depresión.

Darse tiempo para uno mismo

En estos tiempos es común tener que lidiar con un ritmo de vida acelerado, en ciudades sobrepobladas, donde la saturación de actividades no nos permite darnos un respiro. Esto ocurre en especial con las mujeres que aumentan sus esfuerzos para poder enfrentar el cúmulo de estrés que significa la crianza de los hijos, la vida en pareja, el cuidado de la casa y las responsabilidades del trabajo. Por lo tanto, debemos asegurarnos de tener un tiempo para nosotros mismos, tiempo para tener actividades que nos resulten disfrutables, pasar un tiempo con las personas que amamos, tiempo para admirar la belleza del campo, tiempo para sentarnos y pensar.

Es muy común que las personas propensas a la depresión tengan una baja autoestima. De hecho, uno de los síntomas de la depresión es una caída en la autoestima, hasta llegar al punto de la devaluación en los casos de una depresión severa. Por lo tanto, es importante que se recuerde a sí mismo que usted posee grandes valores, ya sea para los demás o para usted mismo.

Dada la naturaleza de este mal, es probable que el enfermo ni siquiera considere esta clase de expresiones de autoestima, si ya está afectado por una severa depresión. Sin embargo, tendrá sentido si usted se encuentra en la fase de recuperación, o si está tratando de evitar ya sea la enfermedad o una recaída.

Dése sus gustos

Es importante que todos nosotros nos "consintamos" de vez en cuando. Debemos darnos el tiempo para las cosas que nos brindan placer, sea lo que sea, como ir al teatro, ver el fútbol, cuidar el jardín, jugar tennis, viajar, manejar, o lo que a usted le guste.

Conozco a varias personas que se han recuperado de una depresión severa que han comentado el gran júbilo que experimentaron cuando pudieron volver a concentrarse, permitiéndoles volver a leer un libro o resolver un crucigrama. Otros han dicho que sintieron algo parecido cuando por fin pudieron volver a disfrutar el escuchar la música.

Actividades creativas

Muchas personas encuentran un gran placer en hacer algo que ponga a prueba su creatividad. Esto satisface la necesidad que todos tenemos de expresarnos, y puede ser muy útil para prevenir la depresión o para ayudarnos durante la fase de recuperación.

Siempre es bueno probar algo nuevo, sin importar la forma que adopte nuestra creatividad, como pintar, hacer poesía, escribir esa novela que está dentro de nosotros, tocar algún instrumento musical, bordar o fabricar tapetes; hay mucho de donde escoger. Lo importante es recordar que no debemos imponernos altos estándares durante la actividad que escojamos, no importa qué tan bien o mal nos salga, lo verdaderamente importante es que al hacerlo se produzca un placer.

Comunicación

Una de las causas que más contribuye a la depresión es la soledad. Por eso es importante que se mantenga en contacto con la gente. Esto no significa simplemente ver a las personas e intercambiar saludos durante el curso del día; significa una verdadera comunicación, tener conversaciones con los amigos y la familia, de preferencia cara a cara, o por lo menos por teléfono; conocer otras personas, intercambiar opiniones e ideas. El comportarse de manera antisocial no es una buena idea, especialmente si usted es de alguna manera propenso a la depresión.

Exprese sus sentimientos

El folleto al que ya hemos aludido en varias ocasiones les recomienda a las personas que están siendo tratadas por depresión que no repriman sus emociones. Aconseja a aquellos que han recibido una mala noticia, o que han vivido una situación dolorosa en su vida, que hablen de ello o que lloren.

Algunas veces las personas que tienden a la depresión encuentran difícil llorar, y comentar o mostrar su dolor o su sufrimiento. Pero en realidad es mucho mejor llorar que internalizar estas emociones, pues esto puede contribuir a que se manifieste la depresión, especialmente, si la causa de este dolor y sufrimiento es un evento de gran importancia, tal como el duelo por la muerte de un ser querido.

También es sano dar y recibir afecto. Muchos de nosotros no nos damos el tiempo para abrazar a las personas que son queridas por nosotros; debemos considerar que un abrazo puede decir mucho más que las palabras.

El alivio que proporciona una mascota

Las personas que tienden a la depresión y que viven solas deberían pensar en tener una mascota, como un gato o un perro. Acariciar a uno de estos animalitos puede ser realmente terapéutico cuando se siente decaído, y el tener que sacarlo a pasear le garantiza que saldrá de casa y hará algo de ejercicio.

Al recomendarles esta opción, las personas comúnmente hacen alusión a la problemática que representa tener un animalito en casa, pero aquellos que han decidido tenerlos pueden decirnos que las recompensas que ellos brindan están muy por encima de las desventajas.

Médicos y otros profesionales de la salud se han dado cuenta de la importancia que tienen las mascotas en el cuidado de las personas de edad avanzada. De hecho, algunos centros de atención a los ancianos cuentan con mascotas que los visitan cotidianamente.

Capítulo 7

CONSECUENCIAS DE LA DEPRESIÓN

Las consecuencias de la depresión pueden ser muy graves para las personas que la están padeciendo, así como también para la familia y los amigos, además de tener enormes implicaciones para la sociedad.

Angustia personal

La persona que está sufriendo depresión debe soportar una gran carga de angustia, pero al no estar consciente de que es la depresión la que está causando esos cambios mentales y emocionales, su nivel de angustia y ansiedad van empeorando.

Es común que las personas deprimidas que no han sido diagnosticadas lleguen a la conclusión de que están perdiendo la cabeza, que se están volviendo locas y que no existe cura para eso. Precisamente por esto es importante que todos nos hagamos conscientes de la naturaleza de la depresión, y lograr que la angustia que causa una depresión no diagnosticada se convierta en cosa del pasado.

Suicidio

Lamentablemente, muchas personas se suicidan justo cuando están en la cresta de una depresión aguda. Ésta hace que los que la padecen sufran de una extrema desesperación, que se sientan totalmente devaluados, y con la convicción de que el mundo, en general, y sus familias en particular, estarían mucho mejor sin ellos.

Es verdad que no podemos saber el estado exacto de la mente del individuo que comete suicidio, aun en los casos donde se ha dejado una nota. Sin embargo, parece ser que ellos llegan al extremo de quitarse la vida porque piensan que tienen una enfermedad terrible e incurable de la mente, en vez de pensar que se trata de depresión, la cual, en muchos casos, es perfectamente curable. En otras ocasiones su temor proviene de la idea de que ellos puedan estar cursando una enfermedad física terminal, convicción que es uno de los posibles síntomas de la depresión, y por lo tanto, desean salvar a sus familias del dolor de verlos agonizar lentamente.

Cualquiera que sea la distorsión de los pensamientos que sustenten las ideaciones suicidas de los sujetos, es extremadamente importante que la sociedad en general tome más en serio el problema del suicidio, puesto que actualmente existe una creencia popular, que en realidad se ha convertido en mito, y que es pensar que las personas que hablan de suicidio jamás lo van a cometer; esto puede ser cierto para aquellos que gustan de hacer declaraciones melodramáticas como respuesta a un hecho relativamente trivial que les haya sucedido, pero aun así, no hay que estar tan seguros, ya que los individuos que sufren depresión sí lo llegan a consumar. Los pensamientos negativos y las ideaciones suicidas son algunos de los síntomas relacionados con la depresión aguda, y algunas veces quienes padecen la enfermedad llegan a comunicárselo a sus amigos.

Raramente se realiza un suicidio sin que existan señales de alarma. La mayor parte de las personas que cometen suicidio contactan a su médico familiar un mes antes de que ocurra el incidente, además de que lo han hecho saber de alguna manera, tal vez hablando del tema del suicidio o llevando a cabo comportamientos que hablan claramente de quererse quitar la vida.

Otro mito relacionado con el suicidio es que las personas que tienen uno o varios intentos fallidos para quitarse la vida nunca llegarán a consumarlo. De hecho, el cuarenta por ciento de aquellos que se han suicidado, tienen una larga historia de intentos fallidos, y son conocidos como parasuicidas.

Estadísticas del suicidio

Las estadísticas relacionadas con el suicido y la depresión nos reportan una lectura alarmante. Anthony Clare en su libro *Depresión y cómo sobrevivir a ella*, pone de relieve que uno de cada siete que sufren de una depresión aguda cometen suicidio.

También reporta los hallazgos de dos estudios de seguimiento de personas que han sufrido depresiones severas. En uno de estos estudios, el cual llevó un seguimiento de dos años, se consideró a mil sujetos que habían sido hospitalizados a causa de la depresión, y donde se reporta que 25 de ellos cometieron suicidio. En el otro estudio, en el cual llevó un seguimiento de diez años, se consideró a 945 sujetos que habían sufrido depresión, hallándose con que 68 de ellos cometieron suicidio durante los diez años siguientes.

La tasa de suicidios en Inglaterra y Gales es aún más alta de lo que las personas creen. Cada año, cerca del uno por ciento de las muertes en estos países, se deben al suicidio, dando una cifra de ocho personas por cada cien mil. Aunque este dato puede estar subestimado, ya que no siempre se tiene claro si la causa de la muerte fue o no el suicidio.

Ya sea que exista alguna duda, o aun en los casos en que no la hubiera por la evidencia que se tiene, es poco común que se declare el suicidio como la causa de la muerte. Esto sucede, en parte, porque esto le ahorra a la familia una enorme carga de dolor y angustia; aunque también ocurre porque, haciendo un retroceso en el tiempo hasta el año de 1961, el suicido, o el intento de suicidio, eran considerados oficialmente como crímenes; por otro lado, está el hecho de que hasta apenas hace muy poco tiempo, las compañías aseguradoras no pagaban la póliza si la persona que había contratado con ellos había cometido suicidio.

Las estadísticas proporcionadas en el libro escrito por el Dr. Harold Bloomfield y por Peter McWilliams, *Cómo curar la depresión*, tampoco nos dan razón para sentirnos más optimistas. Ellos indican que el 15% del total de las personas que padecen depresión cometerán suicidio como resultado de su padecimiento, y que dos tercios de todos los casos de suicidio están directamente relacionados con la depresión. Estos autores son americanos y el libro fue publicado por primera vez en Estados Unidos, así que las cifras aquí citadas son aplicables a ese país.

Los sufrimientos de la familia del suicida

Es natural que resulte ser una lamentable pérdida la muerte de alguien que comete suicidio, pero, por lo menos, las personas que han tomado tal acción destructiva ya no estarán ahí para tener que soportar la censura de la sociedad, porque existe, de verdad, una enorme censura, y son justamente los familiares más cercanos los que deben enfrentarla.

Se ha comprobado que un considerable número de personas que cometen suicidio lo llevan a cabo cuando están sufriendo de una enfermedad depresiva muy severa, aunque otros lo hacen debido a una seria enfermedad mental.

Desafortunadamente, muchas personas del público no saben esto, y por ende, culpan a las personas que acaban de quitarse la vida. Ellos ven este hecho como un enorme acto de cobardía, como si fuera una manera de escapar a sus responsabilidades.

Los familiares se encuentran angustiados y dolidos por la pérdida de un ser querido, pero muy probablemente también comiencen a tener grandes sentimientos de culpa por no haber hecho algo para evitar el suicidio, aunque, en realidad, no habrían podido hacer nada por evitarlo. Pero además de todo esto, deben soportar las dolorosas consideraciones que se hacen sobre la memoria de su familiar.

Además de la censura de la sociedad, existe también el estigma con el que deben enfrentarse los familiares. Como sabemos, la enfermedad mental causa un estigma, pero no es tan intenso como el que lleva consigo el suicidio, el cual tiene, además, un tono de pecado que viene desde los días en que los suicidas no eran admitidos en los cementerios religiosos; además, como se apuntó anteriormente, aún tiene un matiz de crimen, ya que por lo menos en el Reino Unido se consideraba de esta forma hasta antes de 1961.

Es común que los familiares, además de estar sufriendo por la pena de la pérdida de su ser querido, tengan grandes resentimientos, aunque éstos sean irracionales. Pongamos el ejemplo de una pareja que ha estado viviendo serias dificultades económicas, y él sufre de una severa depresión que lo lleva finalmente a quitarse la vida. Por lo menos al principio, la esposa tenderá a culpar a su marido por haberla dejado sola para resolver todos los problemas.

Algo que puede hacer de la muerte un hecho aún más difícil de encarar, es el peligro de que quién está sufriendo depresión pueda muy probablemente cometer suicidio, pero no en la etapa más severa de la depresión, cuando se cree es más propenso, sino cuando parezca estar comenzando a recuperarse. Esto se explica por el hecho de que las personas pueden sentirse exhaustas o indecisas para llevar a cabo el acto suicida cuando se encuentran en la cima de una depresión severa, pues como ya se explicó, en esta etapa no tienen energía ni interés en nada. Por lo tanto, sólo cuando sus niveles de energía comienzan a elevarse es cuando sienten que reúnen fuerzas para lograr quitarse la vida.

También los amigos pueden sufrir diversas formas de angustia cuando alguien querido se suicida. Existe una enorme tristeza por la pérdida del amigo, también sentimientos de culpa por no haber hecho algo para prevenirlo, y por lo general, sienten una gran incertidumbre. Estos últimos sentimientos se generan a partir de que los parientes no comentan con ellos las circunstancias de la muerte de su amigo. Esto ocurre porque la actitud que en general se suscita en relación al suicidio es el estigma. Los amigos sospechan las causas, pero no están realmente seguros, por lo tanto, no pueden expresar su pena de una forma adecuada.

El factor edad en la depresión y el suicidio

Un hecho relevante relacionado con la depresión, pero que se desconoce, es que la depresión es una enfermedad muy común entre las personas de edad avanzada, y generalmente se trata de depresiones agudas que conllevan un riesgo mayor de llegar al suicidio.

Tenemos que un cuarto de las personas severamente deprimidas sobrepasan los sesenta y cinco años, y aumenta grandemente el índice de suicidio; en tanto que, de las personas que se encuentran en un rango de edad por debajo de la antes citada, pudiera considerarse que sólo una de cada siete intentará suicidarse.

Diagnosis en las personas de edad avanzada

Como se dijo anteriormente, existen grandes problemas para diagnosticar con precisión la depresión, pero cuando hablamos de personas de edad avanzada el problema se vuelve todavía más difícil. Esto ocurre porque los síntomas de la depresión, como la pérdida de memoria, la poca capacidad de concentración y los problemas para dormir pueden ser fácilmente atribuidos a la edad, sin que se lleven a cabo estudios posteriores. La evidencia de los signos que nos hacen notar el decaimiento del ánimo en los ancianos son menos evidentes que en las personas más jóvenes.

Con un tratamiento adecuado, los ancianos pueden recuperarse perfectamente de una depresión, pero algunos de ellos no tienen la oportunidad de tener un tratamiento. Uno de los peores problemas que se contempla en la depresión de los ancianos es que los síntomas se confunden muchas veces con los de demencia senil o incluso con los de la enfermedad de Alzheimer.

De hecho la depresión y el Alzheimer comparten algunos síntomas, como daño en la memoria y confusión, pero la diferencia estriba en que el Alzheimer no es curable y la depresión sí. Es muy lamentable que ambas enfermedades sean confundidas, mientras que la depresión sigue su curso sin que la persona tenga la opción de un tratamiento.

Este asunto tiene serias implicaciones para todos nosotros, ya que la mayoría, en algún momento de nuestras vidas, entramos en contacto con alguna persona de edad avanzada, como puede ser un abuelo, un padre, un amigo o un vecino, por lo tanto, queda en nuestras manos la responsabilidad de asegurarnos que estas personas no sean diagnosticadas equivocadamente, para evitar que sigan sufriendo de una enfermedad que es perfectamente curable.

Depresión y el entorno laboral

Obviamente, el peor resultado de la depresión es el suicidio, pero para aquellos que logran recuperarse y seguir viviendo existen obstáculos que son complejos de resolver; uno de ellos es la situación laboral.

Muchas personas pierden sus trabajos mientras están en el proceso de la enfermedad, sobre todo si ésta no ha sido diagnosticada. Varios síntomas relacionados con la depresión afectan la productividad y habilidad que las personas solían tener en sus trabajos, impidiéndoles desempeñarse apropiadamente. Estos síntomas incluyen la pérdida de la capacidad de concentración, mala memoria e indecisión. Si a causa de esto el trabajo de la persona ha sido enormemente afectado, la consecuencia inmediata será el despido.

Por otra parte, las personas afectadas pueden renunciar a su empleo porque sienten que no son capaces de seguir haciendo su trabajo. Ellos no están conscientes de que su falta de concentración, su pérdida de memoria y su indecisión son parte de una enfermedad que es curable. Lo único que ellos saben es que no pueden seguir trabajando, y simplemente, renuncian, acción de la que se arrepienten una vez que logran sentirse mejor.

Cuando las personas se recuperan de una depresión ya no tienen un trabajo, sea porque han renunciado a él o porque los han despedido. En la situación actual que vivimos, en cuanto a optimización de recursos y recorte de personal por parte de las empresas, pensar que se les recontratará suena más que ilusorio, a pesar de que la persona afectada haya sido considerada un empleado brillante y útil para la compañía. Por otro lado, es posible que durante el proceso depresivo que vivieron mientras seguían trabajando, hayan llegado a ganarse la fama de empleados de bajo rendimiento, aunque esto haya sido debido a su enfermedad. Este asunto puede ocasionarles el que se den malas referencias, o por lo menos, la indiferencia, lo cual afecta enormemente su progreso profesional en el mercado de trabajo.

Estigma

Las personas que han perdido sus trabajos o que han renunciado a ellos durante su enfermedad depresiva, encuentran muchas dificultades para encontrar un nuevo empleo una vez que han recuperado la salud, debido a que sufrieron de un tipo de enfermedad mental, además del estigma que provoca.

Esta estigmatización es aún peor cuando la persona ha cursado la enfermedad depresiva sin ser diagnosticada a tiempo, llegando a grados de severidad que la obligaron a ser internada en un hospital mental.

Esto no sólo tiene un efecto negativo en la vida profesional de la persona y en su estabilidad económica futura, sino también en su estado mental en general; así sucede que los encontramos sintiéndose perfectamente bien de salud y consigo mismos, cuando de pronto toda su confianza se hace pedazos en el momento en que se dan cuenta de que no pueden encontrar un empleo.

En el caso de que la persona afectada tenga familiares que dependan de ella, ellos también sufrirán las limitaciones económicas, además de haber experimentado el trauma emocional y mental de vivir con alguien que ha sufrido de una depresión aguda. Estas circunstancias combinadas pueden producir una gran tensión en las relaciones familiares.

Depresión y las relaciones interpersonales

Cuando las personas están padeciendo esta enfermedad no son en realidad ellos mismos, por lo cual deberemos hacerles algunas concesiones. Ellos pueden actuar muy mal y decir cosas terribles que en realidad no han querido decir, hacen citas y no se aparecen, o bien, sufren un cambio en su personalidad, y en vez de seguir siendo divertidos comienzan a ser melancólicos y no se alegran con nada; pueden ocurrir muchos cambios. Desafortunadamente, las personas que entran en contacto con ellos rara vez se muestran tolerantes, y es que tampoco saben qué es lo que está sucediendo, ni entienden las implicación y los síntomas de la depresión.

Depresión y las relaciones familiares

Cuando un miembro de la familia está sufriendo esta enfermedad, pueden originarse disputas familiares que algunas veces nunca se resuelven. Parece extraño que otros miembros de la familia no estén dispuestos a comprender y a perdonar a la persona una vez que ésta se recupera, aun cuando se esté consciente de que se trataba de una enfermedad. Es triste el hecho, pero sucede muy a menudo, que pase mucho tiempo antes de que la familia pueda olvidar las cosas que el enfermo depresivo hizo o dijo en el periodo en que éste se encontraba gravemente enfermo.

Depresión y los amigos

Es común que se presenten riñas entre los amigos cuando uno de ellos se encuentra cursando esta enfermedad. Las personas que la padecen se vuelven casi siempre irritables y pueden tener comportamientos que no se presentarían si estuvieran sanos. Esto puede tener efectos adversos en las amistades.

La amistad es primordialmente una relación que va en dos direcciones, pero la persona afectada no está en condiciones de ponerse en contacto con la gente, porque se siente exhausta. Esto puede malinterpretarse fácilmente por los amigos, que concluirán que éstos no desean su compañía, o que no desean recibir más invitaciones de ellos. Pero todo esto sucede, como ya se dijo, por la falta de energía y motivación que está sufriendo la persona que padece depresión.

Los amigos suelen molestarse después de que los han dejado plantados en varias citas, ya que no entienden que este comportamiento se debe a su enfermedad. Lamentablemente, también los amigos optan por evitar a las personas que padecen depresión, porque sus conversaciones son constantemente reiterativas, hablando una y otra vez sobre sus problemas. Pero justo en estos momentos es cuando más los necesitan, pero ellos no saben qué es lo que está pasando.

Lo óptimo sería que una vez recuperado el paciente, los problemas que se gestaron con sus amigos durante su enfermedad puedan aclararse, pero desafortunadamente, la mayoría de las veces éste no es el caso y vemos que viejas amistades quedan truncadas para siempre.

Relación de pareja

Pueden originarse problemas entre la persona depresiva y su pareja mucho tiempo antes de que la enfermedad sea diagnosticada. La falta de interés en el sexo es, de hecho, uno de los primeros síntomas de la depresión, pero cuando ninguno de los dos lo sabe, este comportamiento puede tener devastadores efectos en la relación.

La pareja de la persona depresiva puede asumir que se trata de una falta de interés en la relación, en vez de una falta de interés en el sexo en general. Las terribles discusiones que esto desata puede llevar a la pareja de la persona afectada a buscar otra persona, sin darse cuenta de cuál es la verdadera situación.

No es sólo la intimidad la que puede estar siendo afectada; las personas depresivas se vuelven irritables, lo cual puede añadir más fricción dentro de la relación. Por otro lado, aquel que antes solía ser animado, vivaz y alegre, se vuelve letárgico, apagado y siempre está hablando de sus problemas; el cambio de comportamiento y actitud de quien padece depresión puede molestar a su pareja porque no sabe qué es lo que está pasando, sobretodo porque desconoce que éstc cs un síntoma de la enfermedad.

Al igual que en el caso de las relaciones familiares y de amigos, la relación de pareja puede dañarse profundamente por quienes padecen la depresión, de la cual sólo se recuperarán una vez que ésta haya sido diagnosticada y tratada adecuadamente. La pareja de la persona afectada puede incluso haberse ido antes de que la enfermedad haya sido diagnosticada.

Depresión y los hijos

Niños desde edades muy tempranas pueden estar sufriendo depresión, por lo que sus maestros deben estar al tanto de este hecho; aunque la pueden padecer como reflejo de la depresión de un adulto.

Si los pequeños vienen de hogares de madres o padres solteros, y ese único padre cursa depresión, los niños pueden estar enfrentando el problema en total soledad. El padre sabe que algo está mal, pero no sabe qué es, y lo mismo le sucede al niño. El cuadro se plantea aún más difícil cuando se trata de hijos únicos, pues no cuentan con ninguna ayuda.

De hecho los niños más pequeños pueden ser abandonados por sus madres, que aunque los aman profundamente, no están en condiciones de atenderlos por la gravedad de su depresión. Esas madres no tienen la energía o vitalidad para asegurarse de que sus hijos hayan comido o que tengan ropa limpia. Y siempre existe la posibilidad de que las personas del servicio social malinterpreten la situación y se lleven a sus hijos a un horfanato para que se les dé atención; lo cual puede tener efectos desastrosos tanto para las madres como para los hijos.

Los niños generalmente no tienen idea de por qué sus madres están actuando de esa manera, pero es común que demuestren su lealtad y que hagan lo posible para proteger a sus madres, algunas veces, dejando de ir a la escuela para cuidar a sus madres y atender la casa.

Lo peor que le puede suceder a los hijos de una persona depresiva es que su padre o su madre se suiciden debido a que su enfermedad nunca fue diagnosticada. Y cuando se trata de un hijo que solamente contaba con uno de sus padres, la situación se vuelve realmente trágica.

Los niños no deberían vivir este tipo de situaciones, así que está en manos de los adultos asegurarnos que esto no suceda. Debemos tomar conciencia de los problemas que los padres afectados por la depresión pueden ocasionar en los niños; tenemos que aprender más sobre esta enfermedad, para estar en condiciones de brindar una ayuda eficaz.

Conclusión

La depresión tiene una fuerza devastadora; destruye a las personas, sus relaciones, a sus amistades, y destruye también sus carreras. Por desgracia, la mayoría de las veces la destrucción que ésta crea es irreversible.

Por lo tanto, comprendiendo su poder destructivo, podremos reconocerla, ya sea en los demás o en nosotros mismos. Solamente privándola de sus mitos podremos luchar contra esta enfermedad, reconociéndola y actuando en consecuencia, dado que se trata de un padecimiento común y que con el debido tratamiento es perfectamente curable.

BIBLIOGRAFÍA

Depression. Leaflet issued by The Royal College of Psychiatrists and The Royal College of General Practitioners.

Depression and How to Survive it. Spike Milligan and Anthony Clare, Arrow Books, 1994.

How to Heal Depression. Dr. Harold Bloomfield and Peter McWilliams, Thorsons, 1995.

Dealing with Depression. Gerrilyn Smith and Kathy Nairne, The Women's Press, 1984, edición revisada, 1995.

Overcoming Depression. Dr. Carolyn Shreeve, Thorsons, 1984.

Defeating Depression. Tony Lake, Penguin Books, 1987.

The Mind Machine. Colin Blekemore, BBC Books, 1988.

Aromatherapy: An A-Z. Patricia Davis, CW Daniel Company Ltd, 1988.

ÍNDICE

TÍTULOS DE ESTA COLECCIÓN

Adelgazar, una decisión de peso
Cómo entender y aliviar el estrés
Cómo entender y aliviar la depresión
Cómo relajarse
El cuidado del gato
El cuidado del perro
Fronteras de las terapias naturales
Guía de aromaterapia
Guía de calorías
Guía para la diabetes
La salud de los niños
La salud del hombre
Lenguaje corporal
Medicina alternativa I
Medicina alternativa II
Meditación. La terapia más natural
Practicando yoga
Primeros auxilios
Reconociendo los síntomas
Reflexología y otras terapias
Remedios caseros
Todo sobre las alergias
Vitaminas y minerales
Yoga y meditación

Impreso en los talleres de
Trabajos Manuales Escolares,
Oriente 142 No. 216
Col. Moctezuma 2a. Secc.
Tels. 5 784.18.11 y 5 784.11.44
México, D.F.